RESEARCH ON ORGANIZATIONAL INNOVATION
EVOLUTION MECHANISM OF

基于混沌理论的高端装备制造企业组织创新演化机制研究

HIGH-END EQUIPMENT MANUFACTURING
ENTERPRISES BASED ON CHAOS THEORY

金 玮 ◎ 著

企业管理出版社
ENTERPRISE MANAGEMENT PUBLISHING HOUSE

图书在版编目（CIP）数据

基于混沌理论的高端装备制造企业组织创新演化机制研究/金玮著 .—北京：企业管理出版社，2023.10
ISBN 978-7-5164-2987-7

Ⅰ.①基… Ⅱ.①金… Ⅲ.①装备制造业－工业企业－企业创新－研究－中国 Ⅳ.① F426.4

中国国家版本馆 CIP 数据核字（2023）第 216771 号

书　　名：	基于混沌理论的高端装备制造企业组织创新演化机制研究
书　　号：	ISBN 978-7-5164-2987-7
作　　者：	金　玮
策　　划：	杨慧芳
责任编辑：	杨慧芳
出版发行：	企业管理出版社
经　　销：	新华书店
地　　址：	北京市海淀区紫竹院南路 17 号　邮编：100048
网　　址：	http://www.emph.cn　　电子信箱：314819720@qq.com
电　　话：	编辑部（010）68420309　　发行部（010）68701816
印　　刷：	北京亿友创新科技发展有限公司
版　　次：	2024 年 4 月第 1 版
印　　次：	2024 年 4 月第 1 次印刷
开　　本：	710mm×1000mm　　1/16
印　　张：	13 印张
字　　数：	200 千字
定　　价：	78.00 元

版权所有　翻印必究·印装有误　负责调换

前　言

近年来，我国高端装备制造（High-end Equipment Manufacturing, HEM）业在政府大力支持下实现了快速发展，表现为 HEM 体系日益完善，技术创新和装备保障能力显著增强，产业结构调整取得重要进展等。为了持续提升 HEM 业在全球产业链和价值链中的地位，HEM 企业需要进一步加大技术创新投入，以增强自主创新能力。而 HEM 企业技术创新，尤其是重大技术创新，通常需要长期的技术力量积累，以及企业管理环境的协调与支撑，才能提高创新效率、保障创新成功。企业仅依靠技术创新很难应对环境变化，组织创新已经成为推动企业发展的重要驱动力。组织创新演化过程是 HEM 企业探索未知、不断实施新颖行为的动态过程。本书在运用混沌理论研究 HEM 企业组织创新复杂动态演化机理的基础上，剖析环境要素、组织要素和个体要素，分析这 3 个层次中的要素如何相互影响、相互作用，共同驱动企业组织创新混沌演化过程，以探究 HEM 企业在复杂情境下的组织创新选择。

本书通过梳理组织创新演化和混沌理论在组织创新中应用的国内外相关研究成果，运用混沌理论、组织创新演化理论、生态学、核心—外围理论和企业管理理论，应用种群竞争模型、多种混沌判定方法、阶层回归分析法、模糊集定性比较分析法、案例研究法等研究方法，考虑 HEM 企业特征及其组织创新属性，对企业组织创新演化机制进行研究。本书主要内容如下。

在分析 HEM 企业特征及其组织创新属性的基础上，以演化视角划分 HEM 企业组织创新类型，建立企业组织创新间断均衡演化过程的理论模型，分析企业组织创新演化特征并解析潜在混沌的企业组织创新演化。借鉴种群竞争模型，建立 HEM 企业组织创新演化模型，通过分析模型平衡点的稳定性及其演化趋势，发现当创新演化初始状态出现在进入鞍点轨线附近时，其微小变化将导致最终演化状态的巨大差别。应用 Lyapunov 指数法判定企业组织创新演化具有混沌性，运用组织创新演化模型模拟并深入分析企业组织创新混沌演化过程。

基于中国情境，在分析环境要素、组织要素和个体要素这 3 个层次中单要素对 HEM 企业组织创新混沌演化影响作用的基础上，提出多层次要素对 HEM 企业组织创新混沌演化的影响作用模型。通过研究设计，在对调研问卷进行信度和效度检验后，本书利用筛选后的样本企业数据，定量测度组织创新混沌演化，应用阶层回归分析法验证多层次要素对 HEM 企业组织创新混沌演化的影响作用并对验证结果进行详细分析和讨论。

在建立多层次要素构型对 HEM 企业组织创新混沌演化驱动作用理论框架的基础上，利用筛选后的样本企业数据，应用模糊集定性比较分析法对影响 HEM 企业组织创新混沌演化的环境要素、组织要素和个体要素这 3 个层次中的要素进行构型分析。通过单要素必要性分析、条件变量组合分析、核心和外围要素构型分析及要素构型的稳健性检验，提出驱动 HEM 企业组织创新混沌演化的必要条件和 4 种多层次要素构型并进行深入分析和讨论。

选取典型企业作为案例进行应用研究。首先，利用 A 企业纵向调研数据构建描述其组织创新演化过程的时间序列。在对时间序列进行相空间重构的基础上，运用关联维数法和 Lyapunov 指数法判定企业组织创新演化过程具有混沌性。将 A 企业组织创新混沌演化过程划分为 4 个时段，并验证企业组织创新混沌演化机制。其次，利用 HEM 业不同子行业中 4 家典型企业的截面资料进一步验证企业组织创新混沌演化的影响机制和驱动机制。根据案例验证结果，提出 HEM 企业组织创新混沌演化的控制策略。

前言

本书从混沌理论视角研究 HEM 企业组织创新复杂动态演化过程，拓展了组织创新演化理论。在建立多层次要素对 HEM 企业组织创新混沌演化的影响作用模型时，综合考虑 HEM 企业特征及其组织创新属性，关注中国企业特色要素对企业组织创新混沌演化的影响作用，丰富了中国情境下的组织创新演化理论。提出了驱动 HEM 企业组织创新混沌演化的必要条件和多层次要素构型，丰富了复杂情境下的组织创新演化理论。本研究有利于 HEM 企业明晰自身组织创新演化状况，为企业基于不同情境合理配置创新资源，有效控制组织创新混沌演化提供了理论依据和实践参考。

在本书出版之际，感谢导师石春生教授对我的支持和帮助。他严谨的治学态度、实干的工作作风、积极乐观的生活态度都感染了我，并深刻影响我的工作、学习和生活。感谢调研单位的领导在企业实地调研、问卷调查等工作上给予我极大支持。感谢我的朋友吴际、李坤、梁敏、梁业章对我的支持和关心。感谢父母对我的一贯支持，在最困难的时候给了我全力的关心和呵护，鼓励我奋勇向前，希望他们身体健康、永远快乐！

金 玮

2023 年 11 月 20 日

目　录

第1章　绪　论 ········ 001

1.1 研究背景与问题提出 ········ 002
1.1.1 研究背景 ········ 002
1.1.2 问题提出 ········ 003

1.2 研究目的与研究意义 ········ 005
1.2.1 研究目的 ········ 005
1.2.2 研究意义 ········ 007

1.3 相关研究综述与评述 ········ 009
1.3.1 组织创新演化的相关研究综述 ········ 009
1.3.2 混沌理论在组织创新中应用的相关研究综述 ········ 019
1.3.3 国内外相关研究评述 ········ 024

1.4 研究内容与研究方法 ········ 026
1.4.1 研究内容 ········ 026
1.4.2 研究方法 ········ 028

第2章　HEM企业组织创新混沌演化机理 ········ 031

2.1 HEM企业特征及其组织创新属性 ········ 032
2.1.1 HEM企业特征 ········ 032
2.1.2 HEM企业组织创新属性 ········ 036

2.2 HEM企业组织创新演化过程与特征 ········ 039
2.2.1 企业组织创新演化过程 ········ 040
2.2.2 企业组织创新演化特征 ········ 046

2.3 混沌与HEM企业组织创新演化 ········ 050
2.3.1 混沌的本质 ········ 051

    2.3.2 潜在混沌的 HEM 企业组织创新演化 053

  2.4 HEM 企业组织创新混沌演化过程 056

    2.4.1 企业组织创新演化模型建立 057

    2.4.2 企业组织创新演化的混沌性判定 063

    2.4.3 企业组织创新混沌演化规律分析 066

  2.5 本章小结 076

第 3 章 HEM 企业组织创新混沌演化的影响机制 077

  3.1 多层次要素对组织创新混沌演化的影响作用 078

    3.1.1 环境要素对组织创新混沌演化的影响作用 078

    3.1.2 组织要素对组织创新混沌演化的影响作用 081

    3.1.3 个体要素对组织创新混沌演化的影响作用 083

  3.2 多层次要素对组织创新混沌演化影响作用的研究设计 087

    3.2.1 问卷设计与变量测度 087

    3.2.2 样本说明与问卷回收 089

    3.2.3 问卷的信度与效度检验 090

    3.2.4 组织创新混沌演化的定量测度 093

  3.3 多层次要素对组织创新混沌演化影响作用的验证 097

  3.4 多层次要素对组织创新混沌演化影响作用的验证结果分析 101

    3.4.1 环境要素影响作用的验证结果分析 101

    3.4.2 组织要素影响作用的验证结果分析 102

    3.4.3 个体要素影响作用的验证结果分析 104

  3.5 本章小结 106

第 4 章 HEM 企业组织创新混沌演化的驱动机制 107

  4.1 要素构型对组织创新混沌演化驱动作用的理论框架 108

  4.2 要素构型对组织创新混沌演化驱动作用的研究设计 110

    4.2.1 研究方法与分析步骤 110

    4.2.2 变量设计与数据校准 112

  4.3 要素构型对组织创新混沌演化驱动作用的验证 113

    4.3.1 单要素必要性分析 114

		4.3.2	条件变量组合分析	115
		4.3.3	核心和外围要素构型分析	117
		4.3.4	要素构型的稳健性检验	119
	4.4	要素构型对组织创新混沌演化驱动作用的验证结果分析		121
		4.4.1	驱动组织创新混沌演化的必要条件分析	121
		4.4.2	要素构型对组织创新混沌演化的驱动作用分析	122
		4.4.3	要素构型之间影响要素的替代关系分析	125
	4.5	本章小结		128

第5章 案例企业组织创新混沌演化机制及控制策略 …… 129

	5.1	企业组织创新混沌演化机制的纵向案例分析		130
		5.1.1	A企业背景与其组织创新演化过程	130
		5.1.2	A企业组织创新演化的混沌性判定	132
		5.1.3	A企业组织创新混沌演化的影响机制分析	142
		5.1.4	A企业组织创新混沌演化的驱动机制分析	148
	5.2	企业组织创新混沌演化机制的多案例分析		152
		5.2.1	企业组织创新混沌演化影响机制的多案例分析	152
		5.2.2	企业组织创新混沌演化驱动机制的多案例分析	159
	5.3	HEM企业组织创新混沌演化的控制策略		163
		5.3.1	提升高层管理者的创新意愿	163
		5.3.2	加强高层管理者的社会资本积累	164
		5.3.3	营造鼓励组织创新的文化氛围	165
		5.3.4	加强组织创新与技术创新的协同	167
	5.4	本章小结		168

第6章 研究结果与未来展望 …… 169

	6.1	研究结果 … 170
	6.2	未来展望 … 172

参考文献 …… 173

附　　录 …… 195

第1章 绪 论

1.1 研究背景与问题提出

1.1.1 研究背景

HEM 业作为战略性新兴产业,是以高技术为引领,集成各项工业、信息与各类新兴技术,为国民经济各大行业提供先进技术装备的产业。它处于产业链的核心和价值链的顶端,是推动产业结构升级和经济增长方式转变的重要引擎,也是中国制造业的核心竞争力所在[1]。经过改革开放 40 多年的发展,中国 HEM 业整体技术水平持续提升,已经积累了相当的技术基础和人才储备,成功研制了如"神舟"系列航天飞船、"和谐号"动车组、"蛟龙号"载人潜水器等具备全球竞争力的高端装备产品,对国民经济发展起到了重要的支撑作用,但中国 HEM 企业的关键技术水平与国际先进水平相比仍存在一定差距。由于 HEM 业具有重要战略地位,各技术强国对高端装备关键技术管控严格,中国 HEM 企业无法直接引入技术,在发展中处于被动地位。

为提升中国 HEM 业在全球产业链和价值链中的地位,实现"中国制造梦",政府连续出台了一系列政策规则以提高中国 HEM 业自主创新能力和产业国际竞争力。这些政策规则不但为中国 HEM 业指明了发展方向,并且制定了支持重点高端装备产品研制、构建 HEM 业的区域产业集群、对 HEM 业减免税收等具体发展措施。在相关政策规则的大力支持下,随着科技研发投入不断增大,中国 HEM 业已突破了资本原始积累的"粗糙技术"瓶颈,技术创新能力明显增强,一批高端装备产品取得了突破性进展。例如,中车株洲电力机车有限公司通过在全球范围内引进多项先进的装备技术,并充分利用自身的研发力量和产业基础,对引进技术进行本土化消化、综合吸收和再创新,形成了更具竞争优势、产业化周期更短的新技术，并打造完整产业链，将基于新技术的高端装备产品推向了全球市场。

近年来，中国HEM业快速发展，表现为HEM体系日趋完善，技术创新和装备保障能力显著增强，产业结构调整取得重要进展[2]。但是中国HEM业仍存在着关键核心技术未完全掌握、中低端装备产品过剩而高端装备产品缺乏等问题，需要进一步加大创新投入，提高自主创新能力。与国外先进的HEM企业相比，大部分中国HEM企业资本运作效率较低，尤其是在技术创新方面，表现为投入大产出低，过于依赖规模效应的创新管理模式[3-4]。

HEM企业技术创新，尤其是重大技术创新，通常需要长期的技术力量积累，需要企业管理环境的协调与支撑，才能够提高创新效率、保障创新成功。为解决转型升级中存在的问题，HEM企业仅靠加大创新资源投入、积极推行技术创新是很难实现的，还应主动在战略、组织结构、管理流程与制度等方面开展相应的组织创新活动。对于HEM企业来说，技术创新是硬实力，组织创新是软实力，二者协同发展才能实现企业核心竞争力的提升。HEM企业若要实现由"中国制造"到"中国创造"的转变，合理采纳组织创新已经成为其亟须解决的重要问题。

1.1.2 问题提出

创新，不仅是企业核心竞争力的源泉，而且已经成为企业微观层面战略性活动的主线之一，并贯穿于企业整个发展过程。全球竞争加剧、技术进步和政策持续变化为中国HEM企业的生存和发展带来了前所未有的挑战。具有技术密集和知识密集特征的HEM企业将大量资源投入技术创新，以期保持企业生命力，推动绩效提升，并获得无可比拟的竞争优势。但仅在HEM企业技术系统中进行创新是不够的，相关研究[5,6]和企业创新实践都显示HEM企业技术创新效率较低。企业仅依靠技术创新很难应对环境变化，组织创新已经成为推动企业发展的重要驱动力[7-8]。

随着大量创新资源持续向 HEM 企业内部转移，创新成功已经不单单是指技术创新这一硬实力，而更与组织创新这一软实力有着密切的联系。Stata[9]提出，制约企业发展的是组织创新缺失，而不是传统观念认为的技术创新问题。组织创新已经成为企业竞争优势的重要来源之一，对技术创新、绩效和组织成长都具有深远影响[10-11]。HEM 企业要保持竞争力，应更多地依赖于通过组织创新开发和提升自身的技术创新能力。HEM 企业组织创新与技术创新关系密切，技术创新的成功取决于组织创新对新技术的响应程度。企业在技术创新前采纳组织创新，使其成为技术创新的先决条件，并促进技术创新活动的开展；企业在技术创新后推行组织创新，是根据技术创新的要求对生产、销售、物流等进行调整或重组。依赖高度复杂技术并参与全球竞争的 HEM 企业需要开展持续的、适应环境变化的组织创新活动。

组织创新演化过程是企业为了更好地适应环境，有目的地引入战略、结构、制度或管理流程等组织创新活动的变革过程[12]。它是企业探索未知、不断实施新颖变异的动态过程[13]。HEM 企业组织创新的根本矛盾是如何在从事渐进式组织创新以获得短期收益和成功的同时，投入足够的资源推行激进式组织创新以保证未来的生存与繁荣[14]。这个矛盾使 HEM 企业在组织创新演化过程中总是存在着两种对抗力量，一种力量从事对现有战略、结构、管理流程或制度的选择、改进、细化等渐进式组织创新活动[15]，将组织创新锁定在现有演化轨道；另一种力量从事产生更加新颖的战略、结构、管理流程或制度的搜索、发现、实验等激进式组织创新活动[16]，推动组织创新转向新的演化轨道。当这两种力量以平衡的方式共同主导企业组织创新演化过程时，HEM 企业组织创新表现为内在不确定和貌似随机的演化状态。混沌理论强调动力系统行为的动态性和非线性，正适合研究 HEM 企业组织创新这种复杂动态的演化过程。

HEM 企业组织创新系统是开放系统，会与企业内外部环境进行信息、资源等的动态交互，因此，企业组织创新混沌演化会受到来自外部环境、企业组织环境与高层管理者个体等多层次要素的影响。多层次要素对 HEM 企业组织创新混沌演化的影响存在差别，但仅研究单个要素对企业组织创新混沌演化直接影响的研究思路是不完善的。因为在 HEM 企业组织创新混沌演化过程中，这些要素相互影响、相互作用，共同推动了企业组织创新混沌演化过程。外部环境、企业特性和内部过程及高层管理者自身特征和行为之间存在着复杂的交互关系，并共同影响着企业组织创新混沌演化。因此，分析多层次要素与企业组织创新混沌演化之间的复杂因果关系是研究 HEM 企业在复杂情境中组织创新选择的重要方式。

1.2 研究目的与研究意义

1.2.1 研究目的

本书针对 HEM 企业合理采纳组织创新这一核心问题，综合运用混沌理论、组织创新演化理论、生态学、核心—外围理论等相关理论，解析 HEM 企业组织创新混沌演化过程，并探究企业组织创新混沌演化的影响机制和驱动机制，为 HEM 企业有效控制组织创新演化的混沌性提供参考。本书拟达到以下 3 个研究目的。

1. 揭示 HEM 企业组织创新混沌演化机理

HEM 企业组织创新演化是动态平衡渐进式组织创新和激进式组织创新的非线性过程。这两类组织创新在任何时点的平衡状态既是适应环境变化的结果，企业对两类创新的平衡会受过去经历的影响。现有研究大多认为企业组织创新行为之间存在正向或负向的反馈关系，并构建线性模型研究组织创新演化过程。但组织创新演化过程是 HEM 企业探索未知、不断实施新颖变异的过程，尤其在复杂和动荡环境中，这一过程通常是内在不确定和貌似随机的动态过程。然而，组织创新演化的貌似随机过程可能并不是真正的随机过程，也可能是混沌过程。因此，本书将借鉴种群竞争模型，建立 HEM 企业组织创新演化模型，应用 Lyapunov 指数法判定 HEM 企业组织创新演化的混沌性，模拟 HEM 企业组织创新混沌演化过程，并深入分析 HEM 企业组织创新混沌演化规律，以揭示 HEM 组织创新混沌演化机理。

2. 揭示 HEM 企业组织创新混沌演化的影响机制

HEM 企业组织创新混沌演化会受到环境要素、组织要素和个体要素这 3 个层次要素的影响。现有对 HEM 企业组织创新演化影响要素的研究仍处于起步阶段，缺乏对 HEM 企业组织创新混沌演化影响要素等方面的研究。同时，中国 HEM 企业组织创新混沌演化具有明显的中国特色。因此，本书将在分析中外企业相同要素对企业组织创新混沌演化影响的同时，综合考虑 HEM 企业的特征及其组织创新属性，并重点关注中国企业特色要素对 HEM 企业组织创新混沌演化的影响作用，以揭示 HEM 企业组织创新混沌演化的影响机制。

3. 揭示 HEM 企业组织创新混沌演化的驱动机制

HEM 企业组织创新混沌演化通常不是一个要素直接影响作用的结果，而是多层次中的多个要素共同作用的结果。现有研究主要集中于识别和验证影响企业组织创新的单一或多个要素，但是缺乏多层次要素相互影响、相互作用形成的多层次要素构型对企业组织创新混沌演化综合影响作用的研究。环境要素、组织要素和个体要素这 3 个层次要素对 HEM 企业组织创新混沌演化的影响具有互补、积累、替代和抑制效应，并共同驱动 HEM 企业组织创新混沌演化过程。因此，本书将应用模糊集定性比较分析法，研究驱动 HEM 企业组织创新混沌演化的必要条件和多层次要素构型，以揭示 HEM 企业组织创新混沌演化的驱动机制。

1.2.2 研究意义

本书以基于混沌理论的 HEM 企业组织创新演化机制为研究对象，揭示 HEM 企业组织创新混沌演化机理，并阐明 HEM 企业组织创新混沌演化的影响机制和驱动机制，具有重要的理论意义和实践意义。

本书的理论意义主要包括以下几个方面。

1. 拓展了组织创新演化理论

本书将借鉴种群竞争模型，建立描述 HEM 企业组织创新非线性动态演化的模型，应用 Lyapunov 指数法判定 HEM 企业组织创新演化具有混沌性，运用组织创新演化模型模拟 HEM 企业组织创新混沌演化过程，并深入分析 HEM 企业组织创新演化进入混沌的一般条件等创新混沌演化规律。本书基于混沌理论研究 HEM 企业组织创新演化机理，拓展了对 HEM 企业组织创新复杂动态演化过程的研究。

2. 丰富了中国情境下的组织创新演化理论

基于国内外组织创新影响要素的相关研究综述，找出具有中国企业特色的组织创新影响要素，综合考虑 HEM 企业特征及其组织创新属性，在分析中外企业相同要素对 HEM 企业组织创新混沌演化影响的同时，更关注中国企业特色要素对企业组织创新混沌演化的直接影响作用，建立多层次要素对 HEM 企业组织创新混沌演化的影响作用模型，丰富了中国情境下的组织创新演化理论。

3. 丰富了复杂情境下的组织创新演化理论

环境要素、组织要素和个体要素这 3 个层次中的要素相互影响、相互作用，共同驱动了 HEM 企业组织创新混沌演化。根据核心—外围理论，影响 HEM 企业组织创新混沌演化的三层次要素可以被划分为核心要素和外围要素两类。核心要素会被一系列强化其核心特征的外围要素包围，形成驱动 HEM 企业组织创新混沌演化的多层次要素构型。本书运用模糊集定性比较分析法，提出驱动 HEM 企业组织创新混沌演化的必要条件和多层次要素构型，丰富了复杂情境下的组织创新演化理论。

本书的实践意义主要包括以下几个方面。

1. 有利于 HEM 企业明晰自身组织创新演化状况

企业组织创新促进了技术创新采纳，提升了企业效率和绩效，并且与技术创新相比，组织创新对企业绩效和发展的影响更具持续性。而 HEM 企业组织创新滞后已经严重阻碍了企业技术创新能力和核心竞争能力的提升。因为企业组织创新逻辑因行业而异，所以 HEM 企业组织创新遵循特定的规律演化。基于混沌理论研究 HEM 企业组织创新演化机制，更有利于 HEM 企业明晰自身组织创新演化状态，以及企业组织创新演化进入混沌的原因，从而更好地指导企业未来组织创新管理实践。

2. 为 HEM 企业组织创新决策提供了依据

在 HEM 企业组织创新复杂动态演化过程中，有效控制组织创新演化的混沌性是企业建立期望组织模式，并进一步提升企业技术创新能力和核心竞争能力的关键。本书揭示的 HEM 企业组织创新混沌演化机理使企业明晰了组织创新演化进入混沌的一般条件等组织创新混沌演化规律，并且揭示的 HEM 企业组织创新混沌演化的影响机制和驱动机制能够帮助企业在识别环境要素、组织要素和个体要素这 3 个层次要素对企业组织创新混沌演化直接影响作用的基础上，掌握驱动 HEM 企业组织创新混沌演化的必要条件和多层次要素构型。本书的研究结果为 HEM 企业基于复杂情境合理配置创新资源、控制导致企业组织创新演化进入混沌的必要条件和多层次要素构型、加强对组织创新演化初始条件的管理、建立期望的组织模式等创新决策提供了依据。

3. 有利于个案企业有效控制组织创新演化的混沌性

HEM 企业组织创新混沌演化机理、组织创新混沌演化的影响机制和驱动机制等研究结果都是以应用到实际个案企业组织创新管理实践为最终目标。本书选取 HEM 业中的典型企业，通过纵向案例分析和多案例分析，验证了研究结果在个案企业组织创新混沌演化过程中应用的有效性和可操作性，并有针对性地提出了 HEM 企业组织创新混沌演化的控制策略，为个案企业有效控制组织创新演化的混沌性提供了实践指导。

1.3 相关研究综述与评述

创新，历来就深受国内外学者及企业管理实践领域的广泛关注，但现有研究大多聚焦于企业技术创新，对组织创新等非技术创新领域关注较少。随着组织创新在企业运营和发展中扮演的角色越发重要，国内外学者近年来越发重视对组织创新的研究。根据本书的研究主题与研究逻辑，本节对混沌理论、组织创新演化理论等在组织创新中应用的国内外相关研究进行了综述和评述。

1.3.1 组织创新演化的相关研究综述

1.3.1.1 组织创新内涵的相关研究综述

组织创新这个概念首先被经济学家用于与技术创新作区分。Chandler[17] 用它区别企业新产品/工艺与社会系统中的新方法。Sanidas[18] 用它区分实体技术和非实体技术。一些经济学家提出组织创新可以追溯为 Schumpeter 提出的第五种创新类型——新的组织方式。他将这种类型的创新定义为"任何行业中新组织方式的实施，就像垄断地位的创造……或打破现有的垄断地位"[19]。虽然组织创新的概念来自 Schumpeter 的早期研究，但它已经不仅指为了"技术革命"而进行的整个行业的重组，也指为了促进企业变革与成长而在其内部组织结构和流程中开展的变革[20]。组织管理学者引入组织创新的概念,通常是为了与产品/服务创新等技术创新相区别[21]。与技术创新相比,组织创新的目的是提升企业管理流程和行政制度的效率和效果。Evan[22]将技术创新定义为"新产品、流程或服务的想法",组织创新是指"属于人员招聘、资源分配、任务、权力和奖励的制度化"。Kimberly和Evanisko[23]在研究医院中的创新时,将技术创新定义为"与疾病的诊断和治疗直接相关的医疗技术",将组织创新定义为"只与医院医疗活动间接相关的信息处理流程和制度,与管理更直接相关"。

随着组织创新在企业运营中的地位不断提升,组织创新已经获得学者们的广泛关注。现有组织创新研究可以划分为4个研究视角,即理性视角、制度视角、时尚视角与文化视角[24]。其中,理性视角主要是从企业微观层面着重探讨企业如何产生和实施新管理活动及管理者在其中扮演的角色;制度视角关注宏观层面,它的核心问题是探讨怎样的制度(政策)条件促进了组织创新的产生和扩散;时尚视角的研究对象为"时尚领导者",它的核心问题是创新产生者对新管理想法的供给与创新采纳者对新管理想法的需求之间的交互作用是如何影响这些组织创新想法传播的;文化视角是从企业文化层面,探讨组织创新是如何形成及如何被组织内部文化塑造的。现有对企业层面组织创新的研究大多基于理性视角[25]。

Hamel[26]将组织创新界定为对传统管理原则、流程和活动的偏离,它们改变了企业管理工作的实行方式。Walker等[27]提出组织创新是设计企业战略和结构、修改企业管理流程,并且激励和奖励员工的新方法。林海芬和苏敬勤[28]认为,公司层级的组织创新与技术创新相对,是对提高组织运行效率的管理方式或方法的系统性变革。简单来说,组织创新改变了企业管理者完成他们工作的方式或方法。作为在组织形式、活动、流程或技巧等方面的创新,组织创新包含了"企业中完成工作的规则和惯例"[29]。大部分研究认为,组织创新的新颖性是对采纳组织创新的企业来说的,尽管它可能已经被其他企业采纳[30-31]。Hargrave和

Van De Ven[32]提出组织创新可以是全新的、没有先例的，也可以是对企业过去管理活动前所未见的偏离，例如，企业引入全面质量管理、学习型组织或平衡计分卡等都可以被视为组织创新。而企业推行组织创新是为了实现财务和非财务目标，这就是企业为什么从事昂贵并有风险的组织创新活动。Damanpour等[33]认为，企业通过采纳组织创新以应对环境变化，或者在组织环境中进行先期变革，以维持或提升企业的效率和竞争优势。

1.3.1.2　组织创新类型的相关研究综述

Chandler[34]首先在其研究中区分了构筑初始结构（激进式组织创新）和响应新管理需要（渐进式组织创新），并认为激烈程度是创新的重要属性。他提出，激进式组织创新是开创性的、破坏性的、不连续的及改变现状的，而渐进式组织创新是指依赖于现有知识和专业领域，适应性地修正和改建现有结构。随后，大量研究用激进式组织创新代表远离现有活动的创新，而用渐进式组织创新代表那些较小偏离现有活动的创新[35-36]。自从March的开创性文章《Exploration and exploitation in organizational learning》发表以来，探索和利用两个术语在组织分析领域逐渐占有主导地位[37-38]。March[39]将利用定义为细化、选择、生产、效率、挑选、实施和执行，而将探索定义为搜寻、变异、承担风险、实验、灵活性、发现和创新。这个定义的范围太广，导致了多样的解释。在后续研究中，Levinthal和March[40]把研究视角限制在学习活动的知识领域范围，探索是追求新知识，而利用是指使用和开发已经知道的知识。随后，学者们将研究视角进一步限制在知识开发和利用领域，将探索和利用的概念与创造或获取知识的规模和范围联系起来。借鉴March在研究组织学习时提出的"利用"和"探索"概念，创新研究者对渐进式组织创新和激进式组织创新有了新的理解[41]。他们提出，渐进式组织创新和激进式组织创新都与学习和创新相关，但是它们属于不同类型的学习和创新[42]。Baum等[43]提出渐进式组织创新是指通过局部搜寻、实验性修正及选择和重新使用现有惯例的创新,而激进式组织创新是指协同变动、有计划地实验和实施的创新。Vermeulen 和 Barkema[44]在研究公司国际扩张决策时,将激进式组织创新定义为"寻找新知识"的创新,渐进式组织创新定义为"继续使用公司现有知识基础"的创新。基于这些定义,他们将所有收购视为激进式组织创新,并将所有绿地投资视为渐进式组织创新。苏敬勤和崔淼[45]提出,激进式组织创新是给组织活动带来根本性变化、完全背离当前惯例的创新,而渐进式组织创新是与当前惯例和实践有较小偏离的创新。

1.3.1.3 组织创新演化过程的相关研究综述

学者将组织二元性理论、达尔文进化论、拉马克进化论、间断均衡理论等引入企业组织创新演化过程的研究,主要形成了组织创新三阶段演化过程、组织创新二元性演化过程、组织创新间断均衡演化过程这3类创新演化过程观点。本书从这3个方面对组织创新演化过程的相关研究进行了综述。

1. 组织创新三阶段演化过程的相关研究综述

基于达尔文进化论的组织创新演化研究最初集中于企业中的个体层面,后来一些学者将研究视角扩展到企业层面和企业种群层面,并用达尔文进化论识别企业创新选择和行为的作用[46-47]。Campbell[48]提出企业组织创新演化是一个会重复发生、有概率性的变异、选择和保留的过程。变异即创造新组织模式,往往被视为是随机产生的;选择是指通过不同组织模式之间的竞争,由更高层次的决策者选择最适应环境的组织模式;保留涉及延续并保持一定组织模式的力量和规章制度[49]。而一些学者采用拉马克进化论的观点,提出在整个生命周期的不同阶段,企业认识、适应并采纳新变异[50]。Burgelman[51]提出,变异源于管理者对稀缺资源的主动竞争,选择会受企业资源配置机制的影响,而保留可以形成使企业能够在运营领域中成功的战略。但当企业组织创新演化只有少量的均匀变异和选择标准并且缺乏对稀缺资源的竞争时,企业层面的组织创新演化研究是无法开展的。

组织创新演化模型的应用需要大量异质性变异和对稀缺资源的激烈竞争。变异为选择提供了多样的替代模式,能形成大量不同变异的组织创新演化过程比只能形成少量均匀变异的组织创新演化过程更容易产生新颖变异[52]。Miner[53]提出了企业高层管理者参与创新选择的方法,如设置创新目标但不提出完成目标的方法,建立广泛认可的价值观,设置创新的筛选和选择标准等。他还指出创新的保持会受正式化的程序及企业文化和价值观等因素的影响。O'Reilly等[54]通过对IBM的EBO项目的案例分析,提出分散式组织结构、共同的文化和世界观及支持性的领导方式能够促进组织创新演化的变异—选择—保留过程。但在不同的变异中进行选择仍然是很困难的,因为不同变异的绩效和合理性只有被选择后才能确定[55]。Van De Ven和Sun[56]提出变异、选择和保留的三阶段演化过程可以用于研究如何为给定的市场开发不同产品,企业内不同业务单元或不同企业之间如何竞争稀缺资源。

2. 组织创新二元性演化过程的相关研究综述

Duncan[57]首创性地将二元性(Ambidexterity)概念引入组织管理领域,以研究企业作为组织整体的二元能力。但March运用这一概念对企业学习能力进行研究,才被视为组织二元性研究的开端。之后,组织二元性也被学者引入组织创新演化的研究,并逐渐占据主导地位。一些学者基于企业组织创新管理实践,发现在企业组织创新演化过程中,激进式组织创新和渐进式组织创新并不相悖,它们可以同时完成,是正交关系[58-59]。王艺霖和王益民[60]认为,探索式创新战略和开发式创新战略竞争企业内的有限资源,遵循不同的发展路径,同时追求两种截然不同的战略模式,并合理配置有限资源,有助于企业的长期生存和发展。Thompson[61]提出,虽然维持渐进式组织创新和激进式组织创新之间的动态平衡对企业发展很重要,但实现这两类创新的平衡是非常复杂的,他将实现这两类组织创新之间的平衡描述为管理矛盾。Holmqvist[62]认为,企业为了战胜路径依赖和惰性压力，必须保持对渐进式组织创新和激进式组织创新的持续投资，以随时间推移维持它们之间的动态平衡。Lavie 等[63]提出，企业除了需要平衡支持渐进式组织创新和激进式组织创新的资源配置，还需要调和支持这两类创新的组织惯例之间的矛盾，因为这些惯例会相互抵触。Andriopoulos 和 Lewis[64]提出，隔离渐进式组织创新和激进式组织创新可以解决或者调和两者的矛盾关系。Benner 和 Tushman[65]提出，企业是由高度差异但弱关联的子单元构成的，可以容纳对立的渐进式组织创新和激进式组织创新的制度、能力和活动。Gibson 和 Birkinshaw[66]提出，为了协调本质不同的两类创新活动，企业组织创新以在利用性单元持续推行渐进组织创新的同时，在探索性单元主动采纳激进式组织创新的方式进行演化。Sitkin[67]提出，激进式组织创新子单元是小规模且分权的，伴随着松散文化和流程，这些单元通过不断探索获得成功，但会经常性地创造小的成功和失败（收益和损失），而渐进式组织创新子单元的规模更大且更集权化，伴随着紧密文化和流程，它们倾向于排除探索、减少变异并将效率和控制最大化。Sulphey 和 Alkahthani[68]认为，在企业内部的渐进式组织创新与机械式结构和制度、控制与官僚制及稳定市场和技术密切相关，而激进式组织创新与有机式结构和松散制度、即兴创新、更强的自主性和混乱及寻找未知密切相关。Jansen 等[69]认为，企业通过在松散耦合的子单元中同时实施激进式组织创新和渐进式组织创新，并在单元边界内通过高层管理者团队的积极整合，平衡两者关系。Güttel 等[70]通过对全球范围中小企业的实证研究，提出创新二元性要求公司在多个层面上管理不同的平衡关系，并区分了二元性的学习维度和灵活性维度，其中学习维度是指平衡渐进式组织创新和激进式组织创新，而灵活性维度是指平衡一致性和适应性方面的企业组织设计，并提出两个维度必须同时平衡，以创造组织二元性。

3. 组织创新间断均衡演化过程的相关研究综述

进化理论中的三阶段演化模式描述了通过缓慢的小变异，逐渐由环境选择形成崭新组织模式的过程。这是渐进性、积累性的组织创新演化模式。在演化生态学领域中，这类演化模式受到 Eldredge 和 Gould 提出的一种非常不同的进化模式，即间断均衡模式的挑战。他们指出，随时间推移，遗传系谱存在于本质上静态的模式中（均衡），而新物种的突然出现，是通过突然的、革命性的快速变革的"间断"而发生的[71]。一些学者引入间断均衡进化理论，并基于 March 的二元性演化逻辑，即激进式组织创新和渐进式组织创新是不相容的，处于连续集的两端，企业以零和博弈的方式实现这两类创新之间的平衡，研究企业组织创新演化过程。Tushman 和 Romanelli[72]提出了组织创新演化的间断均衡模型，即企业组织创新演化的收敛时段会被重新定位间断，并且新定位会区分并设定下一个收敛时段的演化方向。收敛时段是相对长时间的渐进式组织创新，使得结构、系统、控制和资源朝着不断匹配的方向精细化。这些收敛时段可能并不与有效的绩效相关，再定位是相对短时段的激进式组织创新，企业战略、力量、结构和系统完全朝着新模式演化。Tushman 和 O'Reilly[73]认为，组织创新演化过程是渐进式组织创新时段被激进式组织创新间断的过程。企业的长期成功被认为是通过渐进式组织创新时段，逐渐增加战略、结构、人员和文化之间的一致性，并被激进式组织创新间断，以实现在战略、结构、人员和文化中的瞬间转换[74]。非持续变革通常由组织绩效问题或组织环境的重要变化驱动，如技术或市场需求的变化[75]。那些不太成功的公司响应环境的动荡，而那些成功的公司主动创新以重塑市场[76]。Gersick[77]提出，相对长时间的稳定（均衡）是由根本性变革（或革命）的紧凑时间段所间断的。这种间断的不连续由环境或内部条件的变化触发，如新技术、流程重设计或行业放松管制[78]。夏保华[79]通过分析大企业持续创新的思想，提出大企业持续创新的内在依据是内部创新的体制化，外部依据是创新竞争，但企业家面对创新风暴时，通常是抵制创新者，即企业家创新具有间断性，因而导致大企业的持续创新是以这些间断结果为基础的间断均衡过程。

Orlikowski[80]指出，间断均衡模型中的激进式组织创新是快速的、片段的和激烈的，因为这一模型的潜在假设是"企业稳定是至高无上的"，即企业会较长时间地处于某种稳定状态或"均衡"中。Lavie和Rosenkopf[63]提出，企业利用间断均衡演化模型可以避免同时推行两类创新的矛盾。Devins和Kähr[81]提出，企业可以通过在收敛时段和变革阶段之间循环运动，即企业仅关注一类主导创新并随后转向另一类创新，实现激进式组织创新和渐进式组织创新之间的平衡。Burgelman[82]通过典型案例分析，提出从企业长期适应的角度来看，间断均衡是组织创新的理想演化模式。他认为，企业组织创新演化过程包含了一系列不连续的时段，每一个时段都关注于最大化地利用可获得的机会，而不是在给定时点对可获得机会平衡地利用。

1.3.1.4 多层次要素对组织创新影响作用的相关研究综述

不同要素对组织创新的影响作用是组织创新研究领域的主要课题之一。Damanpour[83]将企业创新作为整体，通过文献分析，提出了影响企业创新的要素包括独特性、专业化、集权化、管理者对创新的态度、技术知识资源、组织冗余等。Kimberly和Evanisko[23]验证了个体、组织和环境要素对组织创新和技术创新影响的差别，如管理者的学历和世界主义、组织规模对组织创新具有较强的正向影响作用，但是管理者任期和学历、组织规模、社区规模对技术创新的正向影响作用更强。Zahra等[84]研究了中等规模公司中的创业公司，发现一些要素对组织创新和技术创新的影响是一样的，如所有权、外部人员比例等，而其他要素则不一样，如董事会规模和组织规模与组织创新正向相关，而技术机会和外部主管的股份只与技术创新相关。Kamoto[85]提出在上市公司中，除了管理代理问题，股东不容忍失败也是阻碍组织创新的要素，而管理层收购则会增强创新强度，即使管理者在与私营企业合作过程中并不能获得更多的利益。Wischnevsky等[86]通过实证分析提出监管制度、市场集中度、前期创新对技术创新和组织创新的影响存在差别，发现放松管制及先期产品创新会对组织创新产生影响。Damanpour 和 Aravind[33] 通过文献分析提出了影响组织创新的 7 个要素，包括正式化、集权化、组织负责性、组织规模、管理者任期、管理者学历和市场竞争。Rothaermel 和 Hess[87] 在研究企业动态能力时，提出对组织创新具有推动作用的三层次要素，包括个体要素、组织要素和网络要素。Ali 等[88] 提出了在中小企业管理情境下管理能力和适应能力对组织创新的影响机理模型，并利用 210 家中小企业样本数据验证了管理能力、适应能力与组织创新之间均存在显著的相关性，并有助于组织创新绩效的提升。Hashem 和 Tann[89] 研究了埃及企业采纳 ISO 标准的过程，发现感知到新质量体系比现有质量体系更有优势、更兼容会对创新采纳产生积极影响，但创新的复杂性则会对创新采纳产生消极影响，同时组织正式化、集权化和市场竞争促进了创新的采纳。Jolles 等[90] 分析并验证了公共服务组织中管理者个体特征与组织创新之间的关系，提出 38% 的管理者将创新方法引入他们的工作，并且对变化的认知响应特征和循证的实践网络与组织创新显著相关。Gosselin[91] 在研究战略业务单位采纳组织创新时，发现竞争战略影响创新采纳决策，但正式化和集中化与创新的实施相关。Damanpour 等[92] 通过实证研究验证了内部和外部知识资源对组织创新采纳过程的影响。

盛亚和杨虎[93] 认为，技术创新有利于企业打破原有形态，调整自身的组织结构、流程和文化，是组织创新的内在推动力。张芙丽等[94] 基于生命周期理论，利用 249 家高技术制造企业的样本数据，验证了初创期、成长期和成熟期的企业组织创新和技术创新之间匹配关系的差异。余传鹏等[95] 基于珠三角地区的 449 家制造型中小企业的样本数据，验证了技术感知有用性和技术感知易用性对中小企业组织创新具有显著正向的影响。林海芬和苏敬勤[96] 分析了感知、学习、关系和整合协调 4 种动态能力对组织创新过程效力的影响并进行了实证研究。张振刚和余传鹏[97] 分析并验证了两类学习方式对企业组织创新的影响，提出利用式学习正向影响组织创新，探索式学习对组织创新表现为正向二次曲线影响，而这两类学习之间的平衡和互补均正向影响企业的组织创新。沈鹤等[98]以科技型小微企业为研究对象，分析并验证了获得式学习对组织创新引进的影响机制与边界条件。王鹤春等[99]以家电制造企业的引进型组织创新过程为研究对象，应用扎根理论，验证了认知惯性、学习惯性及组织惯性对企业推行引进型组织创新不同阶段的差别影响。夏绪梅[100]提出企业文化对组织创新的内在作用机理表现在对企业组织创新的阻碍和促进两个层面：企业文化的塑造、维护及改变所需要的巨大心理成本和物质成本，使得企业文化形成后具有相对的稳定性和惰性，抑制了组织创新采纳。张振刚等[101]分析并验证了家长式领导3个维度——权威、仁慈和德行领导对组织创新的差别影响，以及员工心理授权的中介作用。林春培和庄伯超[102]从创新内部促进者的角度，分析并验证了家长式领导3个维度对组织创新的差别影响，以及对组织创新与组织效能之间的关系的调节作用。江世英等[103]分析并验证了企业家关系网络中横向关系网络、机构关系网络与纵向关系网络对组织创新能力的差别影响作用。刘礼花[104]分析并验证了企业家社会关系中市场关系和政府关系两个维度对组织创新的差别影响，以及企业家导向对两者关系的调节作用。黄文锋和张建琦[105]将中小企业管理创新过程划分为企业家管理创新意图与管理创新实施两个阶段，分析并验证了在内外部环境要素调节作用下，企业家外部社会关系3个维度对管理创新过程的复杂影响作用。张娜娜和谢伟[106]构建了包含市场竞争、组织创新与制度创新之间关系的模型，通过案例分析验证了模型，并指出市场竞争是企业组织创新的驱动力。苏敬勤等[107]基于理性视角，验证了内部革命者、组织和外部环境3个层面要素对组织创新过程的影响，并提出这些要素对不同创新阶段的影响存在差异。杨连峰等[108]在分析了技术、市场、组织等要素及这些要素之间相互作用关系的基础上，提出了一个影响组织创新采纳的要素整合模型，并对这一模型的理论和实践意义进行了讨论。

崔淼和苏敬勤[109]在对中国企业组织创新影响要素进行案例分析的基础上，对比西方企业组织创新驱动要素，提出企业家、企业发展特征、战略、政策和管理问题是中国企业组织创新特色的驱动要素。邱玥和关玥[110]通过分析中国国有企业组织创新的特征、动力机制等方面，提出了国有企业组织创新的4个驱动要素，包括国有企业自身、所在行业改革、经常竞争与国家经济体制改革等。崔淼等[111]在分析国内外文献的基础上，提出企业家个体、管理团队和组织3个层面的要素都影响企业组织创新推行，其中国内文献研究的重点是社会资本和技术创新等对组织创新的影响。包玉泽等[112]以宏观、微观互动视角，梳理改革开放后中国管理思想的发展历程，并将其视为中国企业不断推行管理创新的过程，探究了社会环境因素与企业管理创新主体之间的内在关联。李波和王林丽[113]在对中国经济转型特点及国有企业管理创新分析的基础上，分析企业资质、市场竞争等要素在转型初期、转型中期、转型后期对中国国有企业组织创新活动的驱动作用。苏敬勤等[114]通过对典型案例企业进行探索性案例分析，探究在中国传统儒家管理思想与西方现代管理思想双重文化影响下企业在实施组织创新过程中遇到的问题。李海舰等[115]通过对海尔制管理模式的形成过程进行分析，基于时代要求和中国国情，重新认识了中国企业组织创新的构成要素及其影响要素。

1.3.2 混沌理论在组织创新中应用的相关研究综述

混沌理论是研究为何非线性确定系统在运动过程中会产生貌似随机的行为。混沌并不是无序和混乱，而是非周期有界的有序。混沌理论起源于20世纪60年代，Lorenz[111]在研究大气系统时，发现初始值的细微差别会导致结果的巨大偏差。他提出混沌看起来是随机发生的，但实际上其行为却由精确的法则决定[116]。1975年，李天岩和约克首次提出了混沌的数学概念。在物理、化学、生物、数学、地质学等自然科学领域,学者们已经对混沌进行了大量研究,并获得了丰富的成果。1980年,Stutze[117]解释了在Haavelmo经济增长方程中的混沌现象,他是将混沌理论应用在经济和管理学领域的先驱。Gregersen[118]提出混沌理论已经足够一般化,能够应用到任何类型的实体,包括个人、群体和组织,甚至是更为广泛的领域。

随着管理科学越来越关注组织动态性和深化过程研究,混沌理论开始在该领域中应用,因为它能够解释动态系统的行为和深化过程[119]。Vinten[120]提出将混沌理论应用到管理科学中是未来管理学科学术和实践研究的必然趋势。Istvan[121]提出商业组织系统具有非线性和动态性的特点,不能用传统的生产力观念或传统的策略分析进行解释,混沌理论是分析新生产效率源泉的新方法。Hibbert和Wilkinson[122]认为混沌理论可以加深对营销系统复杂动态性的理解,它不但对各种营销组织的存在提供了新的解释方式,也为预测营销组织结构变革和演化提供了新方法。张永安和张所地[123]认为,传统战略研究理论和方法不适合研究企业管理系统中的非线性机制,并提出了混沌理论对企业战略管理研究的方法论启示。本书从以下4个方面对混沌理论在组织创新中应用的相关研究进行综述。

1. 企业组织创新混沌管理与中国"传统混沌管理"区别的相关研究综述

李艳艳[124]通过对比中国所传承的"传统混沌管理"与发源于西方的"现代混沌管理",提出这两种混沌管理并不是同一个模式,它们在哲学理念、发展轨迹等方面均存在较为显著的区别。她认为混沌并不是混乱,现代混沌管理不排斥规范、界限、定量和技术方法,在充分考虑人的因素,充分理解事物的模糊性、不确定性的基础上,科学技术方法的应用才会更合理。卫立浩[125]通过分析中国在混沌管理的理论认识和实践应用两方面的误区,提出中国对混沌的传统认识是模糊、混乱、无序、糊涂等,而西方现代对混沌的理解是在貌似随机的背后隐藏着秩序，两者存在显著差别。崔东红和孙莹[126]提出与中国所传承的"传统混沌管理"相比，现代混沌管理认同决策者的有限理性，承认在企业管理系统中混沌存在的合理性，即在一定程度上容忍管理中的混沌。刘业政和潘生[127]认为，作为非线性反馈系统，企业管理系统演化是内部耗散力与驱动力之间互相竞争的过程，混沌是其本质行为，但这种混沌并非无序，而是具有可驾驭性的。张铁山[128]在辨析中国所传承的"传统混沌管理"与现代混沌管理区别的基础上，认为对企业非线性管理系统行为的研究应有机地结合现代混沌理论与现代企业管理理论，并提出现代混沌管理对预测、决策、组织设计等企业管理行为的启示。

2. 企业组织创新混沌特性与管理策略的相关研究综述

Peters[129]认为，混沌挑战了现有管理理论和知识，必将带来一场革命。他通过分析企业组织存在的问题，提出"混沌型"的企业组织范式必将替代当前的"牛顿"范式，而企业作为复杂的非线性系统，混沌是其管理行为的本质。Joseph[130]界定了混沌管理的内涵，认为混沌管理是一种权变的管理，并提出了企业在复杂、动态环境中生存的一系列混沌管理规则。Olsen[131]提出，混沌可以用来作为企业控制非线性管理系统行为的方式。Stacey[132]提出，面对混沌的外部环境，组织应以开放式计划过程、发散思维和小组对话等方式，刺激产生内在的混沌。Loye和Eisler[133]提出，团结、整合、非凡的领导力、混乱等都是变革系统的构成要素，它们在表面的稳定中又蕴含着潜在混沌。Gordon和Greenspan[134]基于案例研究方法，对混沌系统的管理问题进行了分析。Mathews等[135]提出传统研究变革过程的方法通常陷入持续或非持续变革的一个或两个维度，但当创新系统向远离均衡点演化时，激进式组织创新就产生了，它们可能来自小扰动的累积或者小扰动的连锁、复合效应，而系统对于这种扰动高度敏感。Keil[136]认为，响应式变革和创新可能源自不确定性和不稳定性，基于混沌理论和复杂性科学提出了公共事业组织管理的"松紧原理"，并示范了公共组织管理人员如何应用"松紧原理"研究公共组织复杂的组织变革行为。Nonaka[137]在分析日本企业演变历史的基础上,应用混沌理论解释了企业演变过程中出现的复杂性现象。McNeil[138]引入混沌吸引子的概念,研究企业发展的内在动力,并提出了"I"型模式,用以解释企业系统的复杂行为。Kauffman[139]提出,企业系统具有非线性特征,混沌是系统运动的临界状态,是产生新有序行为的必经阶段,并认为企业管理者可以营造有利的初始条件并诱导企业系统进入混沌,并从混沌中产生新有序并实现企业的跃迁升级。

李志刚[140]等提出,无论在成员个体、群体或组织层面,企业创新都要经历混沌过程,并基于系统混沌理论视角,提出企业创新过程的混沌管理策略。李文博和郑文哲[141]在分析企业集成创新系统复杂特征的基础上,以混沌理论为依据,分析了企业集成创新系统的蝴蝶效应、分形特征与组织协同能力,并提出了对企业创新管理实践的启示。罗珉和李映东[142]认为,企业系统具有开放性特征,并运用混沌理论对企业发展中出现的复杂现象进行分析。赵锡斌和温兴琦[143]认为,由于外部环境具有复杂性、动态性、不确定性等特点,企业管理者应摒弃精确预测的管理思想。他们基于混沌系统理论假设,提出了提高企业管理系统的自组织协同能力等4个方面的可持续发展策略。张金春和王杰[144]认为,混沌理论为管理理论的发展提供了新范式,在明确企业系统混沌管理内涵的基础上,提出了混沌管理具有整体性、管理过程的内禀随机性、长期可精确预测的管理思想失效等7个特征。

3. 企业组织创新混沌性判定的相关研究综述

一些研究者通过应用分形维度、Lyapunov指数等混沌判定技术处理反映企业创新状态的数据,对组织创新的混沌性进行判定。Guastello[145]验证了大量组织现象,包括决策制定、压力和人员绩效、意外、创造性和群体发展等具有混沌特征的现象。Priesmeyer[146]运用相平面分析,深入研究营销、财务和生产的混沌性。Huberman和Hogg[147]在分散式生产控制系统中,发现了点、周期和混沌吸引子的存在。Koput[148]为发生在创新过程中开始阶段的混沌找到了数据证据。Tyre和Orlikowski[149]提出创新过程中的随机事件可能触发适应性循环。Cheng和Van De Ven[150]利用案例企业数据，运用多种混沌诊断方法验证了创新过程中的混沌性。Jayanthi和Sinha[151]以案例企业创新实施情况数据为基础，构建技术创新时间序列，运用关联维数法和Lyapunov指数法验证了高技术企业创新演化过程具有混沌特性。范如国和黄本笑[152]通过分析企业制度系统的复杂性特征，提出企业制度系统中存在混沌，运用数量分析揭示了制度系统呈现出多重分形的特征，并分析了分形在企业制度创新中的作用。盛永祥等[153]在对动态能力、投资和收益之间关系进行分析的基础上，建立了反映动态能力和投资如何影响收益的非线性方程，利用Lyapunov指数，研究基于动态能力约束的投资与收益之间动态演化的吸引子及其演化轨迹并进行了实证验证。张小花和陈玮[154]利用案例企业10年生产效率数据构建时间序列，在相空间重构的基础上，应用Grassberger-Procaccia算法和小数据量法验证了在制造企业生产运行过程具有存在奇异吸引子和对初始条件敏感的混沌特征。

4. 基于数学模型的企业组织创新混沌性的相关研究综述

Andersen和Sturis[155]提出在生态学、物理学等自然学科中能够产生混沌行为的数学模型可以应用在组织行为研究中，研究者借鉴这些模型能够将非线性关系整合到自己的研究项目当中。Gresov等[156]使用灾难模型，分析了战略竞争反应的混沌本质。Levy[157]提出混沌理论是协调研究行业不可预测性与企业根本变革出现的有用概念框架，在讨论混沌理论应用于企业战略管理中可行性的基础上，提出了一个描述计算机制造商、供应商和市场之间相互作用的仿真模型并对混沌行为的产生进行模拟和分析。赵敏等[158]在分析高科技企业成长过程中混沌性的基础上，提出可以应用Logistic方程描述这些混沌特性，并根据模型参数变化提出控制科技创业企业成长过程中混沌的管理启示。陈春明和马晓谦[159]在分析企业中混沌现象的基础上，提出企业组织创新的混沌特征，并基于生存函数构建企业最优生存模型，通过模型推导提出创新管理建议。徐玉华和谢承蓉[160]应用洛伦兹模型构建企业创造激励的混沌同步模型，并探讨了企业创造激励的混沌同步策略。朱其忠和卞艺杰[161]基于Pitchfork模型分析了企业发展过程中的混沌现象。李可用和王晓梅[162]在利用Li-Yorke定理和Logistic方程验证了企业战略系统混沌性的基础上，对企业战略系统所具有的初始条件敏感等混沌特性进行了分析。一些学者也将经济学等领域中能够产生混沌行为的数学模型引入企业管理行为混沌本质的研究。赵敏等[163]在分析科技创业企业的混沌特征的基础上，借鉴资本产出模型建立企业成长混沌模型，通过案例验证了企业成长过程中混沌性的存在，并提出管理启示。

1.3.3　国内外相关研究评述

根据国内外研究综述，创新相关研究中多运用术语组织创新（Organizational Innovation）或管理创新（Administrative Management or Managerial Innovation），但Damanpour[12]提出创新研究对组织创新和管理创新这两个术语的界定并没有明显差别。本书将组织创新界定为与技术创新相对应的，为了实现企业目标，在战略、结构、管理流程或制度中产生或采纳对于企业来说是新的想法和行为。组织创新能够驱动或促进企业更新、适应和提升绩效。

本书对组织创新内涵、组织创新类型、组织创新演化过程、多层次要素对组织创新影响作用、企业组织创新混沌管理与中国"传统混沌管理"区别、企业组织创新混沌特性与管理策略、企业组织创新混沌性判定及基于数学模型的企业组织创新混沌性等相关研究进行了系统性梳理和分析，为基于混沌理论深入研究HEM企业组织创新演化机制奠定了坚实的理论基础。但通过相关研究综述发现以下3个方面仍然存在着一定的研究空间。

1. 缺乏基于混沌理论对企业组织创新复杂动态演化过程的研究

关于组织创新三阶段演化过程的相关研究大多为对企业内部一项或一系列组织创新过程的描述性研究。关于组织创新二元性演化过程的相关研究大多为企业在给定时点，针对可获得的机会，如何平衡激进式组织创新和渐进式组织创新的实证研究。而组织创新间断均衡演化过程更适合研究企业对内外部环境的长期适应过程。组织创新间断均衡演化是在较长收敛时段和短暂变革时段之间循环演化的过程，也是一种实现两类组织创新平衡的演化模式。但关于组织创新间断均衡演化过程的相关研究大多为描述性研究，主要分析企业为了实现分散的目标，如何按时间顺序配置精力。Boumgarden 等[164]提出，组织创新演化是在收敛时段和变革时段之间"游移不定"的过程，但目前缺乏对这种"游移不定"产生的原因及如何过渡等方面的研究。混沌理论强调非线性行为和时间动态性，能够解决在收敛时段和变革时段之间平衡的二元性问题。但混沌理论在组织创新中的应用研究仍然处于起步阶段，现有研究大多通过定性或定量方法分析企业组织创新活动展现出来的混沌特征，缺乏基于混沌理论对企业组织创新复杂动态演化过程的分析。因此，本书基于混沌理论，综合组织创新二元性演化视角和组织创新间断均衡演化视角，借鉴种群竞争模型，构建 HEM 企业组织创新演化的数学模型，采用 Lyapunov 指数法判定创新演化的混沌性，运用创新演化模型模拟组织创新混沌演化过程并深入分析组织创新混沌演化规律，以揭示 HEM 企业组织创新混沌演化机理。

2. 缺乏对企业组织创新混沌演化影响要素的研究

与技术创新研究领域相比，对组织创新的研究仍处于起步阶段，学者们对组织创新影响要素的研究主要集中在不同要素对组织创新和技术创新影响的差别、单一或多层次要素对组织创新的直接影响等，缺乏对组织创新混沌演化影响要素的分析和验证。因此，本书在分析中外企业相同要素对组织创新混沌演化影响的同时，综合考虑 HEM 企业的特征及其组织创新属性，重点关注中国企业特色影响要素对企业组织创新混沌演化的影响作用。

3. 缺乏多层次要素构型对企业组织创新混沌演化驱动作用的研究

现有研究主要集中于识别和验证影响企业组织创新的单一或多个影响要素，但是缺乏对多层次要素相互影响、相互作用形成的多层次要素构型对企业组织创新混沌演化驱动作用的研究。HEM企业组织创新混沌演化通常不是一个要素影响作用的结果，而是多层次中的多个要素共同作用的结果。因此，本书利用模糊集定性比较分析法，研究多层次要素构型对HEM企业组织创新混沌演化的驱动作用。

1.4 研究内容与研究方法

针对基于混沌理论的HEM企业组织创新演化机制这一研究主题，本书的研究内容及所应用的主要研究方法如下。

1.4.1 研究内容

第1章在分析HEM业发展及其创新背景的基础上，明确本书的研究主题，并提出本书的研究目的、理论意义和实际意义。针对HEM企业在组织创新管理中面对的主要问题，综述了国内外关于组织创新内涵、组织创新类型、组织创新演化过程、多层次要素对组织创新的影响作用及混沌理论在组织创新中应用等方面的相关研究。在对以往相关研究进行分层次评述的基础上，针对研究主题，提出研究内容及所应用的主要研究方法。

第2章在分析HEM企业特征及其组织创新属性的基础上，以演化视角划分HEM企业组织创新类型，建立企业间断均衡的组织创新演化过程的理论模型，提出HEM企业组织创新演化具有混沌特征，并解析潜在混沌的HEM企业组织创新演化。借鉴种群竞争模型，建立HEM企业组织创新演化的数学模型，通过分析模型平衡点稳定性及其演化趋势，发现当创新演化初始状态出现在进入鞍点轨线附近时，其微小变化将导致最终演化状态的巨大差别。应用Lyapunov指数法判定企业组织创新演化的混沌性，运用创新演化模型模拟企业组织创新混沌演化过程并深入分析企业组织创新混沌演化规律。

第3章基于中国情境，在分析环境要素、组织要素和个体要素这3个层次中单个要素对HEM企业组织创新混沌演化影响作用的基础上，提出多层次要素对HEM企业组织创新混沌演化的影响作用模型。通过研究设计，在对调研问卷进行信度检验和效度检验的基础上，依据组织创新混沌演化的测度原则对样本企业数据进行筛选。应用筛选后的样本企业数据，运用阶层回归分析法，验证多层次要素对HEM企业组织创新混沌演化的影响作用，并对验证结果进行详细分析和讨论。

第4章在建立多层次要素构型对HEM企业组织创新混沌演化驱动作用理论框架的基础上，根据第3章的研究结果，在对筛选后的样本企业数据进行校准后，应用模糊集定性比较分析法，对影响HEM企业组织创新混沌演化的环境要素、组织要素和个体要素这三个层次要素进行构型分析。通过单要素必要性分析、条件变量组合分析、核心和外围要素分析及要素构型稳健性检验，提出驱动HEM企业组织创新混沌演化的必要条件和4种多层次要素构型，并对验证结果进行深入分析和讨论。

第5章选取HEM业中属于不同子行业的典型企业作为案例进行应用研究。首先，对A企业组织创新演化过程进行分析，利用企业的纵向调研数据构建时间序列，在相空间重构的基础上，运用关联维数法和Lyapunov指数法验证A企业组织创新演化过程具有混沌性。将企业组织创新混沌演化过程划分为被动创新、保守创新、应激创新和响应创新4个时段，并验证企业组织创新混沌演化的影响机制和驱动机制。其次，选取4家典型企业，基于企业截面资料进一步验证企业组织创新混沌演化的影响机制和驱动机制。最后，根据案例验证结果，提出HEM企业组织创新混沌演化的控制策略。

基于以上研究内容，本书的整体研究框架如图1-1所示。

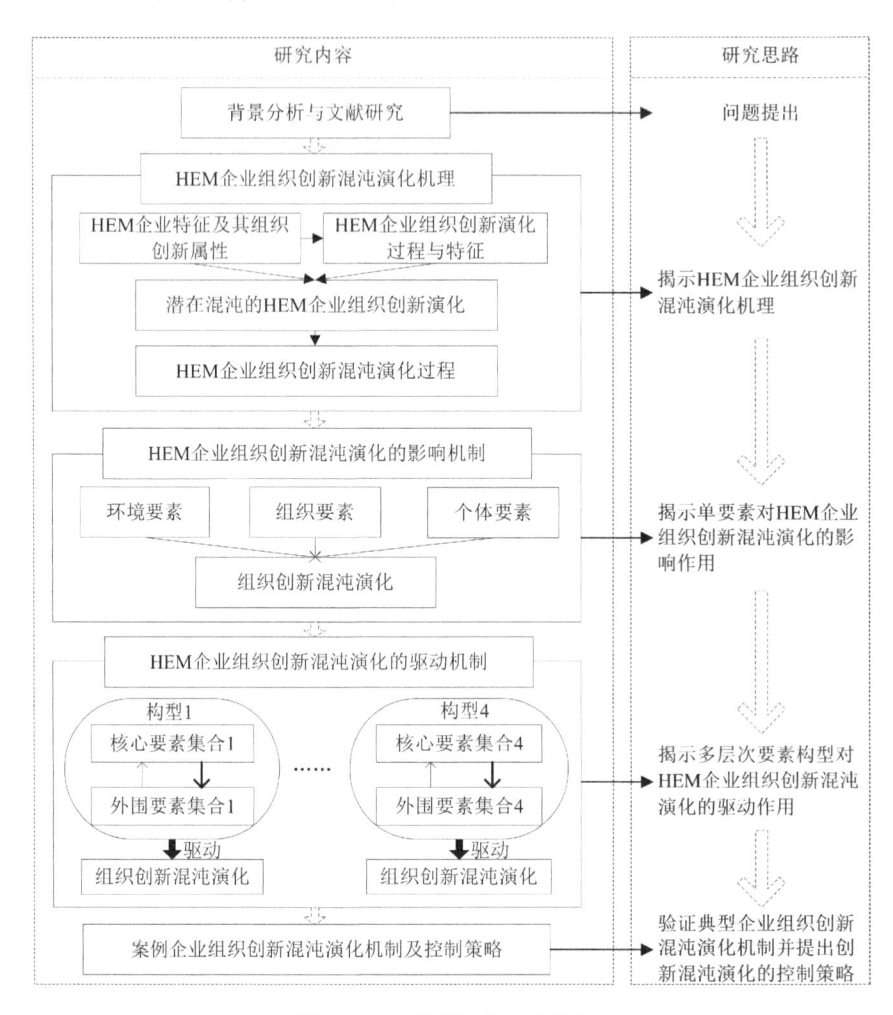

图1-1 本书的整体研究框架

1.4.2 研究方法

由于HEM企业组织创新演化过程的复杂性与管理科学研究的跨学科性，本书将尝试运用多学科交叉的研究方法，剖析企业组织创新演化机制问题。本书采用的主要研究方法如下。

1. 种群竞争模型

本书应用种群竞争模型构建 HEM 企业组织创新演化的数学模型。通过分析企业组织创新演化模型的平衡点稳定性及其演化趋势，发现当组织创新演化初始状态出现在进入鞍点轨线附近时，初始演化状态的微小变化将导致最终演化状态的巨大差别。在判定 HEM 企业组织创新演化混沌性的基础上，运用组织创新演化模型模拟企业组织创新混沌演化过程并深入分析企业组织创新混沌演化规律，以揭示 HEM 企业组织创新混沌演化机理。

2. 混沌判定方法

本书应用多种混沌判定方法，对 HEM 企业组织创新演化的混沌性进行判定。第 2 章应用 Lyapunov 指数法判定 HEM 企业组织创新演化的混沌性；第 5 章利用 A 企业组织创新演化过程的纵向调研数据构建时间序列，在应用相空间重构法对时间序列进行相空间重构的基础上，运用关联维数法和 Lyapunov 指数法对 A 企业组织创新演化过程的混沌性进行判定。

3. 阶层回归分析法

本书应用阶层回归分析法，验证多层次要素对 HEM 企业组织创新混沌演化的影响作用。通过研究设计，在对 HEM 企业样本回收问卷进行信度和效度检验的前提下，依据组织创新混沌演化的测度原则筛选样本企业数据，利用这些样本企业数据，应用阶层回归分析法，对环境要素、组织要素和个体要素这 3 个层次的要素对 HEM 企业组织创新混沌演化的影响作用进行验证。

4. 模糊集定性比较分析法

本书应用模糊集定性比较分析法，提出驱动 HEM 企业组织创新混沌演化的必要条件和多层次要素构型。根据第 3 章的研究结果，对筛选后的样本企业数据进行校准，应用模糊集定性比较分析法，通过单要素必要性分析、条件变量组合分析、核心和外围要素的构型分析及要素构型稳健性检验，提出驱动 HEM 企业组织创新混沌演化的必要条件和4种多层次要素构型。

5. 案例研究法

本书选择典型企业，应用案例研究法对HEM企业组织创新混沌演化机制进行验证。通过对A企业进行纵向案例分析并对选自HEM业不同子行业的4家企业进行多案例分析，验证了HEM企业组织创新混沌演化机理、企业组织创新混沌演化的影响机制和驱动机制，并提出HEM企业组织创新混沌演化的控制策略。

基于以上研究内容、研究框架和研究方法，本书具体的技术路线如图1-2所示。

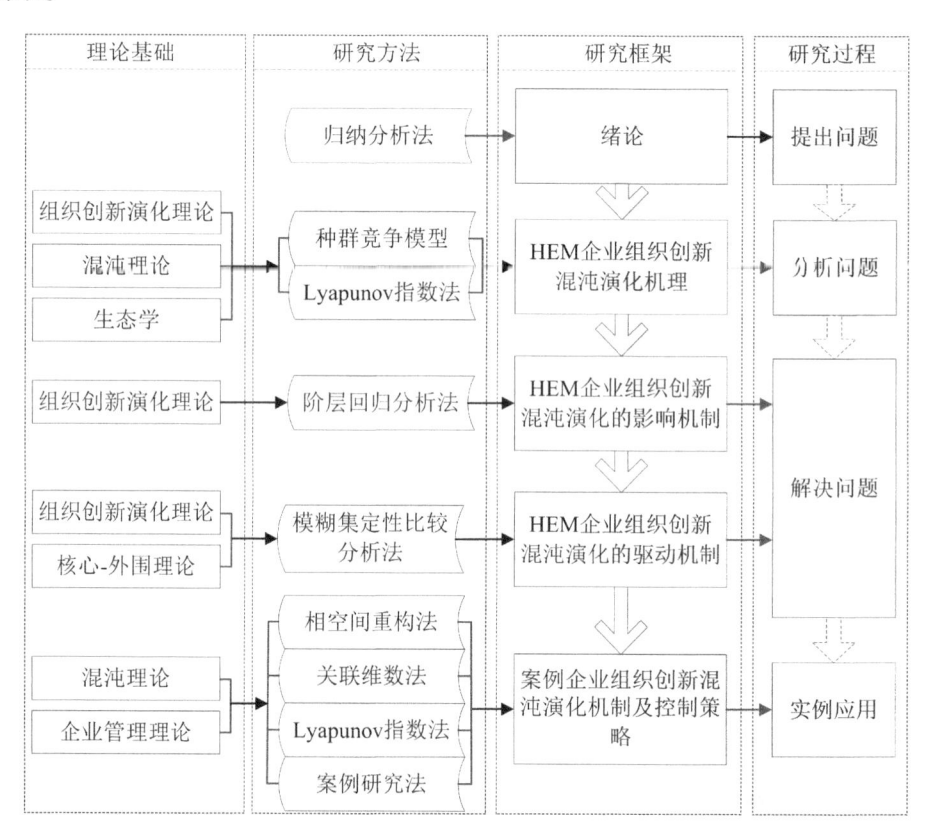

图1-2 本书的技术路线

第 2 章
HEM 企业组织创新混沌演化机理

2.1 HEM 企业特征及其组织创新属性

2.1.1 HEM 企业特征

装备制造业是在 1998 年的中央经济工作会议中被正式、明确地提出的中国独有的产业类型。国家发展计划委员会（2003 年改为国家发展和改革委员会）将装备制造业界定为：为国民经济和国家安全提供技术装备的企业的总称，是制造各种技术装备以满足国民经济各部门发展需要的产业。按照中国国民经济行业分类，装备制造业是由金属制品业，通用设备制造业，专用设备制造业，交通运输设备制造业，电气机械和器材制造业，计算机、通信和其他电子设备制造业，以及仪器仪表及文化、办公用机械制造业等七大类行业构成的。对比国际标准行业分类（International Standard Industrial Classification of All Economic Activities，ISIC），中国装备制造业的行业构成对应国际行业类型中的除机械和设备外的结构性金属制品制造业，未另列明的机械和设备制造业，汽车、挂车和半挂车制造业，其他运输设备制造业，电力设备制造业，以及计算机、电子和光学产品制造业等六大类。中国装备制造业的产业构成及其与国际标准行业分类的对应关系如图 2-1 所示。

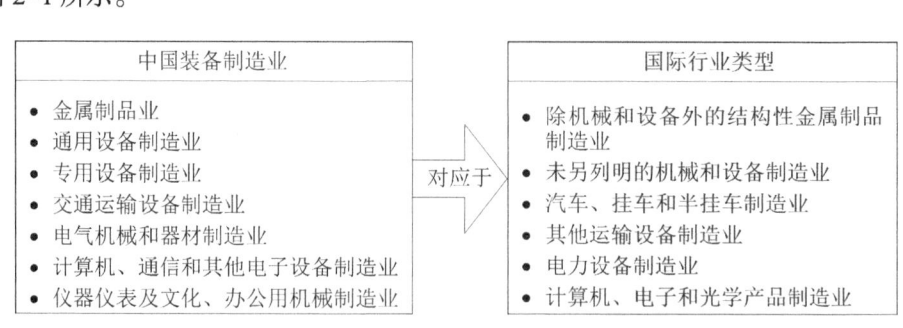

图 2-1 中国装备制造业构成及其对应的国际标准行业分类

第 2 章
HEM 企业组织创新混沌演化机理

作为装备制造业高端部分的 HEM 业是中国政府在《国务院关于加快培育和发展战略性新兴产业的决定》《战略性新兴产业发展"十二五"规划》《工业转型升级"十二五"规划》中定义的国家战略性新兴产业之一。2012 年 5 月，工信部印发的《HEM 业"十二五"发展规划》明确提出 HEM 业发展的重点方向包括 5 个方面，即航空装备、卫星及应用、轨道交通装备、海洋工程装备与智能制造装备。随着 HEM 业的迅速发展，为顺应制造业发展的新趋势及国际竞争环境的变化，我国政府在《中国制造 2025》和《"十三五"国家战略性新兴产业发展规划》中提出了产业升级的重点，并进一步细化了高端装备的发展方向，包括大型飞机、先进轨道交通装备、航空发动机及燃气轮机、民用航天、海洋工程装备及高技术船舶、高档数控机床等。本书选择 HEM 业中航空装备制造业、卫星及应用装备制造业、轨道交通装备制造业、海洋工程装备制造业和智能制造装备业等 5 个子行业中的企业作为研究对象，从混沌理论角度，研究 HEM 企业组织创新混沌演化机理。

与其他装备制造企业相比，HEM 企业主要具有以下几个特征。

1. 技术和知识密集

HEM 企业对技术要素的依赖程度远远超过其他装备制造企业。HEM 企业生产的高端装备产品是现阶段处于科学技术前沿的工业技术、信息技术和各类新兴技术的集成载体。而在产品生产过程中，HEM 企业也采用先进的生产设备，生产工艺精密，组织过程复杂。同时，HEM 企业拥有较完整的"高端装备"知识系统，既包括高端装备产品本身和产品制造过程中融合的多学科、多领域的科学知识和技术知识，也包括相关技术应用与推广、引进和改造等各个方面的知识。

国内学者大多从技术联盟的角度探讨 HEM 企业如何提升技术创新能力。于越等[165]通过对比分析两种产业技术创新联盟的组织模式，即以合同为基础的契约型模式和以共建实体为表现形式的实体型模式，提出 HEM 业技术创新联盟组织模式的选择策略。郑向杰[166]运用负二项回归模型对2000—2013年中国HEM企业之间的联盟数据进行分析，发现联盟创新网络中的派系数量对嵌入企业的创新能力具有正向但滞后的影响，并且企业在联盟中的核心度与其创新能力的提升呈现倒U形关系。何星蓉[167]从产学研投入、产学研产出、产学研成效及产学研环境4个方面对HEM业产学研协同创新能力进行实证研究并提出了对策建议。李玥等[168]基于知识整合视角，从供应链、产业联盟和创新平台3个方面设计了HEM企业技术创新能力的提升路径。

2. 资本密集

高端装备产品在预研、研制、初样、试样和生产等各阶段都需要相当大的资金投入，尤其是民用航天、大型飞机等高端装备产品的投资规模动辄以亿元为单位。同时，在HEM企业中人才资本密集，具有很高知识水平和很强工作能力的科研人才、技术人才和管理人才在企业职工中占较大比重，甚至操作人员也有较高的文化水平和较强的工作技能。

国内学者在HEM企业资本运作效率方面进行了大量研究，并提出HEM企业资本运作效率普遍较低，尤其是在技术创新方面，表现为投入大产出低，过于依赖规模效应。罗福凯等[169]基于要素资本视角，利用HEM业上市公司2007—2011年的财务报表数据，运用经济增长模型，确定了资本对HEM企业贡献率的排序：物质设备资本、人力资本及技术资本，其中技术资本比重最低并且上涨缓慢，而人力资本是推动HEM企业成长的主要要素。王玉荣等[170]通过对HEM业研发投入与创新绩效之间关系的实证研究，发现研发投入与HEM业创新绩效之间呈现U形关系，并提出HEM业不能再以单纯增大研发投入的方式提升技术创新能力和创新绩效，而应重视提高研发投入的质量。刘焕鹏和严太华[171]基于中国52家上市HEM企业2009—2013年的数据，验证了风险投资与智力资本对企业效率的改善效应，并发现虽然HEM企业效率处于较高水平，但整体呈现出下降趋势和发散特征等。杨栩等[172]设计并构建了评价HEM企业持续创新能力的指标体系,通过对10家具有代表性的HEM企业进行评价,提出HEM企业的持续创新能力水平还需进一步提升的结论,并建议在企业层面加强制度创新、管理创新及创新战略制定等方面的组织创新。杜文忠和胡燕萍[173]通过对27个位于一级行政区的HEM业在2000—2014年的整体发展效率进行评价,得出HEM业的发展规模不断壮大,并在2014年行业发展效率达到最高值,虽然东、中、西部地区HEM业的发展效率表现为较明显的梯度差别,但是都表现为过于依赖规模效应。曾刚和耿成轩[174]利用HEM上市公司数据,通过分析综合效率、技术效率和技术进步效率3个指数的动态变化,提出HEM业整体融资处于非效率状态,虽然规模效率会影响技术效率指数,但纯技术效率对技术效率指数的作用不明显等。

3. 高关联性和带动力

高端装备产品尤其是大型高端装备产品是由众多零部件形成单机、子系统、分系统,并最终构成整体的装备。因此,基于高端装备产品或产品系列,HEM企业之间会形成紧密联系、相互依赖的合作网络。为保证装备整体研制目标的实现,HEM企业之间不是简单的承接关系,而是形成锁定效应和强关联关系。同时,HEM企业在产业链中处于核心环节,对上下游企业进行技术辐射和溢出,能带动相关及配套产业的发展,其发展水平决定了所在产业链的整体竞争力。同时,由于装备制造技术存在较强的内在关联性,HEM技术也可以广泛扩散延伸至其他装备制造企业中,有利于重大关键技术的行业整体突破,并促进装备制造业整体的跨越式发展。

国内学者从技术联盟和技术创新链、供应链等角度研究HEM企业的高关联性和带动力。在技术联盟和技术创新链方面,胡耀辉[175]认为,产业技术创新链可以动态平衡HEM产业链、技术链和技术创新链之间的关系,并能够进一步促进 HEM 企业由模仿创新进入自主创新。王晓婷和邹昭晞[176]从研发、生产和服务 3 个环节，深入分析了京津冀地区 HEM 业的协同发展情况，提出该地区航空航天器制造业已经形成了分工协作模式，并提出了促进京津冀地区 HEM 业协同创新共同体升级发展的建议。陈悦等[177]基于 2006—2015 年 HEM 上市公司的专利数据，对各主要技术领域在技术网络中的影响力、吸收效应、感应力及溢出效应等指标进行了测算，并根据指标值变化分析了 HEM 企业的技术关联和扩散效应。在供应链方面，李坤等[178]在对典型 HEM 企业进行案例分析的基础上，揭示了 HEM 企业与其供应商之间形成相互依赖关系的 3 种路径，为 HEM 企业与其供应商建立相互依赖关系提供了参考。杨瑾[179]以航空装备制造业的供应链为例，通过深入分析网络关系嵌入对 HEM 业供应链协同能力和绩效的作用机理，发现同步决策、激励联盟等供应链协同能力对供应链运作绩效均具有显著提升作用等。

2.1.2　HEM 企业组织创新属性

技术和知识密集特征使 HEM 企业会投入大量资源采纳技术创新。技术创新可以使 HEM 企业保持活力和生命力，促进组织绩效不断提升，并帮助 HEM 企业获得无可比拟的竞争优势。但单纯在技术系统进行创新是不够的，企业创新实践和相关研究都显示中国 HEM 企业资本运作效率较低。技术创新高投入低产出的困境表明 HEM 企业只有同时具有较强的技术创新能力与组织创新能力，才能实现企业技术水平和运营效率的全面升级。HEM 企业组织创新具有以下属性。

1. HEM 企业组织创新与技术创新松散耦合

HEM 企业在引入技术创新后，通常会根据技术创新的要求开展与其相辅的组织创新活动，例如，对组织制度、结构和流程等方面进行调整或改进，以保障技术创新的顺利实施，进而促进企业绩效的提升。为了适应高端产品需求不断增加、而中低端产品需求明显下降的市场环境变化，齐重数控装备股份有限公司通过技术引进、自主创新以及合作创新，提高了高端产品的技术水平；而为了保证技术创新的顺利实施，该公司深入实施目标成本控制，促进产品设计、生产制造等环节成本的不断降低，同时推行了精品工程，做到"六抓"，树立质量标兵，实现了产品质量质的飞跃。

企业社会系统中的组织创新也可能会引发技术系统的相应创新。HEM 企业为了成功引入技术创新，在社会系统中采纳战略、组织结构、制度等方面的组织创新，形成了促进技术创新创生的内部社会环境和组织基础。例如，航天装备制造企业 X 公司为突破关键技术瓶颈，先后成立了多个不同型号技术领域的预研研究所。这些研究所在组织结构、研发管理流程和预研人员管理制度等方面明显区别于公司原有的研发机构。X 公司通过采纳一系列激进式组织创新，给予预研人员更大的研发自主权，提升其工作积极性，促进新的关键性技术成果的产生。

但 HEM 企业组织创新并不仅仅依赖技术创新而存在。企业高层管理者个体行为、内部组织过程及外部环境等方面要素的变化也会直接引发 HEM 企业的组织创新。而这些组织创新可能会进一步促进企业新产品（新服务）或新工艺的采纳[180]。例如，在被中国通用技术（集团）控股有限责任公司并购后，齐齐哈尔二机床（集团）有限责任公司对组织结构、管理制度和业务流程等方面进行了深入调整和重组，形成了重型、压力机和车床等 9 个生产事业部（子公司）及生产制造部、技术发展部、技术中心等职能管理和技术研发部门。这些组织创新为该公司随后中、高端重型数控机床产品的研发和生产奠定了组织基础。

2. HEM 企业组织创新演化是激进式组织创新和渐进式组织创新交互作用的非线性动态过程

Simsek[16] 提出，企业应既立足现在，承担推行渐进式组织创新以运作现有资源的责任，又着眼未来，具有采纳激进式组织创新以适应未来的能力。当 HEM 企业同时追求短期成功和长期发展时，在激进式组织创新和渐进式组织创新之间的潜在张力就产生了[181]。在 HEM 企业组织创新演化过程中，激进式组织创新和渐进式组织创新在自我强化的基础上，不仅表现出对稀缺资源的竞争关系，也表现出潜在相互促进的共存关系。

HEM 企业激进式组织创新和渐进式组织创新是两种根本不同的创新活动，它们需要不同的知识基础、惯例、思维、程序、技能和能力，例如，Turner 等[182]提出激进式组织创新和渐进式组织创新需要不同的人员技能、社会网络和组织流程，它们对企业长期和短期绩效、发展机会、竞争优势等方面的影响也存在显著差异；罗彪等[183]通过实证研究验证了激进式组织创新和渐进式组织创新对财务绩效的影响存在结构性差异。HEM 企业激进式组织创新和渐进式组织创新在不同的思维、惯例和能力等集合的作用下，都可以通过迭代进行自我强化，并在迭代过程中不断增强自身的思维、惯例和能力[184]。随着组织创新的演化，HEM 企业发现从事已经获得经验积累、具有较高胜任能力的组织创新活动更有效率，进而不断增加这类组织创新活动。虽然渐进式组织创新会为 HEM 企业带来稳定的短期收益，但是过度关注渐进式组织创新会导致企业锁定现有创新演化轨道，仅接受进行微小调整的渐进式组织创新。相对应地，虽然激进式组织创新收益的不确定性更强、时间更远，但关注长期发展的 HEM 企业会在组织创新失败后，不断探索和引入更新颖的激进式组织创新。简言之，在 HEM 企业组织创新演化过程中，持续的激进式组织创新通常会引发更多的激进式组织创新，而持续的渐进式组织创新则带动了更多的渐进式组织创新。

HEM 企业激进式组织创新和渐进式组织创新之间具有源于对稀缺资源竞争的内在排他性。稀缺资源包括企业可用于激进式组织创新和渐进式组织创新的有形和无形资源。虽然企业可以通过与高校合作、聘请管理咨询机构等方式从外部获取信息、技术等资源的支持，但是这两类组织创新都需要的一些资源仍处于较为紧缺的状态[185]。HEM 企业对一类组织创新投资的增加必然会导致对另一类组织创新投资的减少。March[39]强调,激进式组织创新和渐进式组织创新具有"争夺稀缺资源"的竞争效应。为了生存和发展,HEM企业需要实现这两类组织创新的动态平衡。但是受企业创新倾向、激进式组织创新能力、组织惰性等方面的影响,HEM企业往往更倾向于采纳一类组织创新活动。而这类组织创新的自我强化机制又会将这种倾向不断扩大,导致企业组织创新陷入失败或成功陷阱[186]。

由于激进式组织创新和渐进式组织创新所需要的知识基础、惯例、思维、程序、技能和能力是不同的,在HEM企业组织创新演化过程中,它们都可能在群体或组织中被授权,所以两者是可以同时进行的。激进式组织创新和渐进式组织创新可以在企业松散耦合的子单元中并存[187]。一方面,渐进式组织创新产生了更多确定和稳定的收益,增加了企业的冗余资源。这些冗余资源使企业能够从容地搜寻、试验、产生战略、结构、管理流程和制度方面的激进式组织创新,不断提升企业的长期适应能力,缓解环境急剧变化带来的冲击[188]。Cao等[189]强调了渐进式组织创新对激进式组织创新的潜在积极影响,提出高度实施的渐进式组织创新活动可能提高企业探索新知识和开发新资源的有效性。另一方面,激进式组织创新为HEM企业带来了新的发展机会,并促进了以其为核心的渐进式组织创新的高度实施。这些渐进式组织创新改进和深化了激进式组织创新,使其形成有益绩效的组织惯例,促进HEM企业环境适应性的提升。伴随着激进式组织创新的渐进式组织创新增强了企业社会政治活动和技术经济活动的一致性,强化了企业与政府、客户、供应商和银行等利益群体的相互依赖关系。

2.2 HEM企业组织创新演化过程与特征

HEM企业组织创新演化是一个持续不断的非线性过程,在任何时点的组织形态既是组织创新演化的结果,也是组织创新进一步演化的逻辑起点[190]。HEM

企业组织创新以渐进式组织创新和激进式组织创新两种方式进行演化。March[39]提出，专注推行激进式组织创新而排斥渐进式组织创新的企业很可能必须忍受高昂的实验成本，却不能获得很多收益。因为它们提出太多新想法，但对胜任能力开发不足。相应地，专注采纳渐进式组织创新而排斥激进式组织创新的企业很可能会陷入次优均衡。在组织创新演化过程中，HEM企业需要维持渐进式组织创新和激进式组织创新之间的动态平衡[191]。Thompson[61]将这种在效率和灵活性之间的平衡描述为管理矛盾。矛盾表明出现在同一时间的两个明显相互排斥的要素都是正确的。HEM企业面对的根本矛盾是如何在推行足够的渐进式组织创新以维持当前生存的同时，投入足够的资源开展激进式组织创新以保证未来的发展。

2.2.1 企业组织创新演化过程

2.2.1.1 基于演化视角的组织创新分类

基于间断均衡演化视角的相关研究认为，激进式组织创新是企业战胜惰性的动力，必须以快速、大规模的方式实施[192-193]。Gersick[194]提出，激进式组织创新不能以破碎、缓慢、逐步或舒适的方式推行。而基于二元性演化视角的相关研究则指出激进式组织创新可以在不同时间、在企业松散耦合的子单元中引入，并认为是激进式的概念引发了快速、大规模的变革[195]。Child和Smith[196]通过研究英国吉百利糖果有限公司的组织创新过程，发现该公司在一些子单元中采纳渐进式组织创新的同时，会在另一些子单元中推行激进式组织创新。间断均衡演化视角和二元性演化视角在如何推行激进式组织创新方面的分歧，是源于对激进式组织创新内涵的不同理解。

Greenwood和Hinings[197]提出可以从范围和速度两个维度对企业组织创新进行分类：在范围维度，组织创新是收敛的或激烈的；在速度维度，组织创新是持续的或革命的。本书结合 Greenwood 和 Hinings[197]、Weick 和 Quinn[55]、Plowman 等[198]的理论框架，对 HEM 企业组织创新演化过程中出现的创新类型进行分类（图 2-2）。图 2-2 中的 4 种组织创新类型在 5 个维度中存在差别：在变革动因维度，是组织惰性或环境不稳定；在变革形式维度，组织创新是改进的或替代的；在变革本质维度，组织创新是突然发生的或有目的的；在主导力量维度，有序力量占主导（降低对现有演化轨道的偏离）、无序力量占主导（鼓励偏离现有演化轨道）或是两种力量都起作用；在联系方式维度，组织创新系统各部分是松散耦合的或紧密耦合的。

	范围 收敛	范围 激进
速度 连续	第一象限 变革动因：较低的环境不稳定 变革形式：在现有框架中发生的小改进 变革本质：有目的和局部 主导力量：有序 联系方式：松散耦合，使局部改进不会被扩大	第四象限 变革动因：环境不稳定 变革形式：扭曲构架的小适应 变革本质：意外和局部；小适应会累积成新模式 主导力量：有序和无序共同作用 联系方式：松散耦合，使适应控制在局部并不断积累
速度 片段	第二象限 变革动因：局部小惰性 变革形式：在现有框架中发生的小替代 变革本质：有目的和局部 主导力量：有序 联系方式：松散耦合，需要局部小替代	第三象限 变革动因：环境的急剧变化，战胜主要惰性 变革形式：急剧的、对现有框架的替代 变革本质：意外和组织范围 主导力量：无序 联系方式：紧密耦合，需要组织范围的激烈替代

图 2-2 HEM 企业组织创新类型划分

第一象限描述了持续收敛的组织创新。它们是缓慢、渐进的，并不与 HEM 企业特定非持续组织创新直接相关。这与从两类组织创新演化视角对渐进式组织创新的理解一致。在这一象限中，由于环境不稳定性较低，HEM 企业通过在组织创新系统局部开展利用性学习，不断产生小改进，以适应缓慢变化的环境。有序力量在创新演化中起主导作用,将这类持续改进企业工作流程和社会活动等方面的渐进式组织创新控制在创新系统局部,并在它们被扩大前,将变革机会最小化。

第二象限描述的渐进式组织创新以少见的、有目的替代的形式出现。它们快速发生,并与HEM企业特定非持续创新直接相关。当HEM企业经历了快速、大规模的激进式组织创新重新进入收敛时段时,组织创新系统各部分之间的联系变得松散,为战胜残留在局部的小惰性,组织创新系统需要局部的小替代。在这一象限中,虽然渐进式组织创新是非持续的小替代,但在组织创新系统中,起主导作用的有序力量会在实现小替代收敛的同时,促进组织创新系统的重新稳定。

第三象限描述的组织创新是非持续的、激烈的和革命性的。它们由环境急剧变化引发,并快速、大规模地实施。这符合人们从间断均衡演化视角对激进式组织创新的理解。在这一象限中,当环境剧变时,HEM企业为了战胜内部主要惰性,以急剧的、结构扭曲的替代方式产生激进式组织创新,如重新定位的战略、重构的组织结构等。起主导作用的无序力量鼓励偏离现有组织创新演化轨道的革命性创新。而快速、大规模的激进式组织创新需要组织创新要素之间的紧密耦合和高度协调,以实现企业组织创新系统的重构。

第四象限描述了持续的、激烈的小适应。它们的积累在一定情境下会带来新的组织模式。这与从二元性演化视角对激进式组织创新的理解相同。在这一象限中,环境不稳定使HEM企业试图寻找更加适应环境的替代组织模式,但由于高端装备产品对高尖端技术的强烈依赖,HEM企业倾向于将更多资源投入技术创新,而将这些小适应限制在组织创新系统局部。为适应环境变化,HEM企业通过探索性学习,在子单元中不断产生小适应。这些小适应会不断累积,积蓄能量,当内外部环境急剧变化时,它们可能会冲破现有创新演化轨道的限制,成为推动组织创新转向新演化轨道的序参量[199]。有序和无序力量对这类组织创新的产生都起着重要的作用。无序力量促进了初始适应的产生,使随后出现的小适应不断累积，并在一定情境下促进新组织模式的形成。而有序力量是平衡无序力量的稳定机制，它们帮助 HEM 企业将还没有成为新组织模式序参量的小适应的积累控制在组织创新系统局部，以维持创新系统的整体稳定。

根据前文的分析，在 HEM 企业组织创新演化过程中，渐进式组织创新是企业在现有组织惯例和/或主导创新逻辑的影响下，对战略、组织结构、管理流程或制度的选择、改进、细化等组织创新活动；而激进式组织创新是 HEM 企业为了产生偏离现有组织惯例的战略、组织结构、管理流程或制度而进行的搜索、发现、实验等组织创新活动。激进式组织创新并不都是革命性的，它们中的一些可能仅是改进 HEM 企业技术创新能力、运营效率的小适应。这些小适应会在企业松散耦合的子单元中不断累积，当环境急剧变化时，它们可能成为构建新组织系统的序参量。

2.2.1.2 组织创新间断均衡的演化过程

从企业个体长期适应的角度来看，企业组织创新演化遵循间断均衡模式[200]。它包含一系列连续的组织创新演化时段，企业在每一个创新演化时段中都关注最大化地利用可获得的机会。而从企业松散耦合子单元的角度来看，企业可以灵活地推行渐进式组织创新和激进式组织创新[201]。在组织创新演化过程中，渐进式组织创新和激进式组织创新相互竞争，HEM 企业以间断均衡和二元性的方式实现两类创新的动态平衡。

1. 变革时段

HEM 企业内外部环境要素的急剧变化是推动组织创新演化进入变革时段的根本力量[202]。由于企业现有组织创新系统与环境的匹配度急剧降低，企业组织创新演化轨道已经偏离了提高企业适应性的方向。企业组织创新必须转向新的、提高环境适应性的演化轨道，所以激进式组织创新在组织创新演化的变革时段中占主导地位。

在内外部环境要素的综合影响下,在收敛时段中属于微涨落的激进式组织创新(小适应)被非线性地放大为巨涨落。它们推动组织创新演化跨越临界点,破坏了现有组织创新系统的稳定结构,并为 HEM 企业组织创新演化提供了多样的选择[203]。这些巨涨落相互竞争,争夺企业的创新资源,并以自身为核心,吸引其他组织创新要素。不能吸引创新要素的巨涨落会被孤立并逐渐消亡,而成功吸引创新要素的巨涨落会推动 HEM 企业组织创新向一种新的组织创新系统演化。这些巨涨落在竞争中获胜是企业组织历史和环境适应共同作用的结果[204]。而最终获胜的巨涨落会成为组织创新向新系统演化的序参量。它们可能是重新定位的战略、再造的管理流程、重构的组织结构或改革的管理制度等激进式组织创新。它们会促进以其为核心的组织创新的高度实施,并形成新的组织创新系统。

以序参量为核心的快速、大规模激进式组织创新从根本上改变了 HEM 企业的组织构造和特征,对企业来说更复杂,更容易为企业带来不确定性和风险。所以,HEM 企业持续推行大规模激进式组织创新可能是自我毁灭的。过度关注激进式组织创新会使企业陷入变革的风暴中并最终失败,而失败经常促使企业进一步探索更加新颖的创新想法,随着激进式组织创新探索性的不断增强,企业陷入了失败漩涡。激进式组织创新只有通过渐进式组织创新成为组织惯例,企业才能够从中获益,尤其当内外部环境要素变化缓慢时,这就成了企业持续生存和发展的关键。

2. 收敛时段

与变革时段相比,HEM 企业组织创新演化收敛时段经历的时间相对较长,是缓慢渐进的过程。在这一时段,HEM 企业锁定现有组织创新演化轨道,通过持续实施渐进组织创新,不断提高组织创新要素之间的一致性,并促进有利于提升绩效的组织惯例的形成与完善,使企业组织创新在现有演化轨道中与内外部环境实现更好的匹配,以保障企业的短期成功和收益。

在组织创新演化的收敛时段中也存在激进式组织创新,但它们处于足够范围的较低阈值[205]。HEM 企业在松散耦合的子单元中同时推行渐进式组织创新和

第 2 章
HEM 企业组织创新混沌演化机理

激进式组织创新，是为了在提高短期收益的同时维持企业中的异质性单元。在异质性单元中推行激进式组织创新，使 HEM 企业不但能够将对新发展机会、效率提升模式等的持续探索控制在局部而不影响创新系统整体稳定，还能够将更多资源投入技术创新。这些激进式组织创新大多属于微涨落，会在路径依赖和惯性压力的限制下，产生涨落回归，不会使组织创新直接偏离现有演化轨道。但它们会在异质性单元中不断积累，当内外部环境要素剧变时，可能会在内外部环境要素的综合影响下变为巨涨落，并进一步成为推动组织创新转向新演化轨道的序参量。

在收敛时段中，持续成功的渐进式组织创新会在 HEM 企业中产生植根于社会系统的组织惯性，并随着时间推移不断细致化。组织惯性是企业推行激进式组织创新的重要障碍。随着惯性压力不断增大，HEM 企业组织创新往往对现有演化轨道形成路径依赖，只接受小的、渐进式的调整，越来越排斥采纳激进式组织创新，并阻碍企业组织创新演化跨越临界点向新创新系统演化[206]。但过度关注渐进式组织创新会使企业不能及时响应内外部环境要素的变化，危害企业绩效和长期发展。而现有组织创新系统与环境匹配度的不断降低可能会推动企业组织创新演化重新进入变革时段。HEM 企业组织创新演化过程的理论模型如图 2-3 所示。

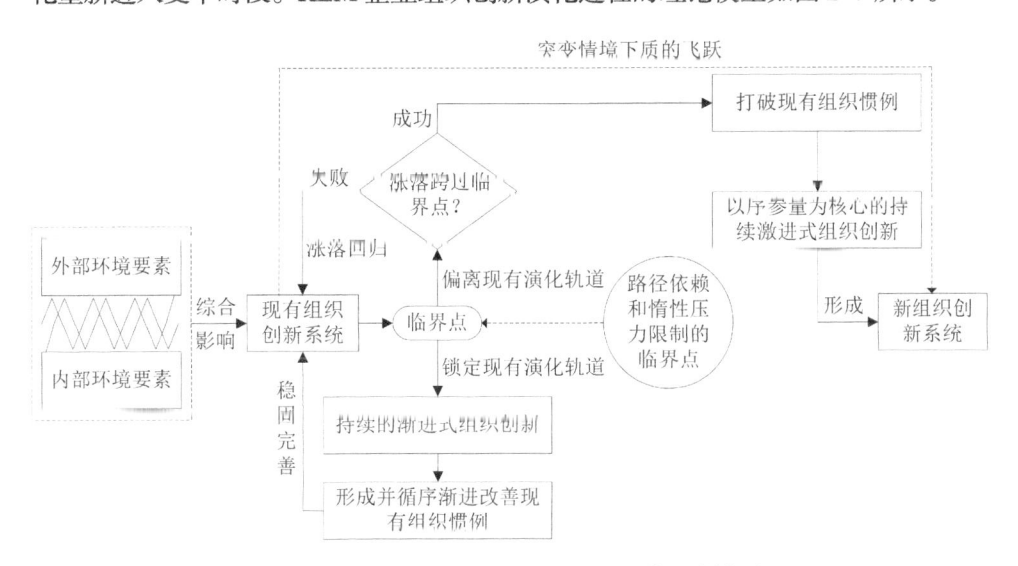

图 2-3 HEM 企业组织创新演化过程的理论模型

2.2.2　企业组织创新演化特征

HEM 企业组织创新演化过程同时存在两种反馈机制，促进组织创新系统异质性增强的正反馈和促进组织创新系统稳定性增强的负反馈。这是组织创新系统进行混沌运动的必要条件。HEM 企业组织创新演化过程呈现出以下 3 个特征。

1. 对初始条件敏感

HEM 企业组织创新演化对初始条件的敏感依赖体现为，初始条件的微小差别虽然在短期不会引起组织创新演化状态很大的差异，但在长期会造成创新演化状态的巨大差距。Kimberly[207] 推测企业成长强烈依赖于初始创建条件，初创时的小优势未来可能会成为企业无可比拟的竞争优势。企业组织创新演化过程存在着许许多多的微小扰动，但只有在组织创新演化处于临界状态时影响其演化轨道变动的扰动，才是企业组织创新演化的初始条件。随着内外部环境要素的变化，在组织创新演化不同时段的初始条件也会发生变化，如在一个时段是战略创新影响企业组织创新演化轨道的变动，而在另一个时段却是结构创新起作用等。HEM 企业组织创新系统本身的非线性机制会以指数级数放大初始条件的微小误差。在组织创新演化的临界点，若影响创新演化的关键是战略创新，那么企业在战略定位上的微小差别会通过战略创新作用于结构创新、管理流程创新和制度创新，影响各组织创新要素之间相互作用的新机制的形成，以及新组织创新系统的构建。在这一过程中，即使是微小误差也会被组织创新系统的非线性机制无限放大为巨大差别。因此，不仅初始创建条件的差别会影响企业的竞争优势，HEM 企业发展关键时段中初始条件的偏差也会对企业的竞争优势产生巨大影响。

在 20 世纪 90 年代，面对日益激烈的市场竞争，"一厂一产品"的经营思想及企业自身的体制弊病阻碍了 HCNCE1 和 HCNCE2 市场竞争能力的提升，导致这两家企业高端装备产品销售持续处于低谷,资不抵债,濒临破产。2000年前后,在国家政策的指导下,这两家企业先后调整了高层管理者团队,并决定遵循市场经济规律,推行现代企业制度。但是在企业原有体制的制约下,这两家企业在主辅业务分离、人员安置等方面存在困难,都没有成功实现改制。在2005年,借助国家开发银行的软贷款,HCNCE1和HCNCE2均推行了企业改制重组。在实现主辅业务分离并合理安置人员的同时,HCNCE2摒弃了束缚企业发展的体制,对主营业务中的管理制度、组织结构等方面进行了深入变革。同时HCNCE2根据市场需求的变化,重新定位了产品战略,并进一步推行了相应管理流程、制度等方面的组织创新。在改制重组后,HCNCE2的运营效率和绩效不断提高。而HCNCE1受上一次企业改制重组失败的影响,虽然分离了主辅业务,但并没有针对主营业务推行组织结构重构、管理制度改革等激进式组织创新,导致企业没能摆脱经营困境。随着市场竞争压力的不断增大,借鉴HCNCE2改制重组的成功经验,HCNCE1推行了一系列激进式组织创新以促进企业绩效的提升。在这两家企业之后的经营发展中,HCNCE1跟随着HCNCE2变革人事管理制度、重组管理业务流程等。在这一组织创新演化时段,HCNCE1已经由HCNCE2的平等竞争者,慢慢变为跟随者。因此,当内外部环境要素剧烈变化时,不同HEM企业在设置组织创新演化初始条件时的微小差别,会导致它们的组织创新向不同创新轨道演化,只有更适应环境变化的企业才能转向更高级的组织创新演化轨道。

2. 存在奇异吸引子

当HEM企业组织创新进行混沌演化时,其创新演化轨道会被限制在奇异吸引子的有限领域中。随着时间推移,企业组织创新所有可能的演化轨道都收敛在这个吸引子上。例如,吕东等[208]通过案例研究,提出在技术和市场环境的动态影响下,基于交易内容和交易结构改变的商业模式是促进科技型创业企业实现复杂适应性成长的商业模式。HEM企业组织创新演化的奇异吸引子就是一种特定的组织模式。也就是说，当企业组织创新演化处于混沌状态时，企业更可能采纳一种特定的组织模式，而不是随机采纳一种未知的组织模式[209]。同时，HEM企业组织创新系统对内外部环境的开放性越强，越可能被特定的组织模式吸引，企业组织创新演化越快趋向这种模式。虽然HEM企业组织创新演化轨道都趋向奇异吸引子，并且这些奇异吸引子在混沌中创造了隐含的秩序。但在奇异吸引子中，企业组织创新演化轨道仍然是高度复杂和不稳定的。同时，HEM企业组织创新演化的奇异吸引子不是一成不变的，在企业发展的不同时段，随着内外部环境要素的变化，企业组织创新演化的奇异吸引子也会发生变化[210]。

SZT研究所组建于1961年，隶属于中国船舶集团有限公司。初创阶段，SZT研究所将物质激励作为激发成员工作热情的主要手段，并且激励管理制度多为规定员工行为的准则和明确相应惩罚措施的条例。SZT研究所对于负面激励方式的过度运用及对精神激励的忽视，严重挫伤了员工的工作热情和工作积极性。直到20世纪90年代，社会和经济环境的剧烈变化给SZT研究所带来了巨大冲击。核心技术、管理人员的不断流失，促使SZT研究所重新思考其员工激励模式存在的问题。通过系统性的理论学习并借鉴其他企业的成功经验，SZT研究所在注重物质激励的同时，不断增强对成员的精神激励。在这一发展阶段，SZT研究所开始重视员工的个体贡献，提出并完善了一些奖励个人成果的物质激励方式；开始以精神激励协调组织中成员之间的关系，增强了员工凝聚力和归属感。同时，SZT研究所对薪酬、晋升、培训等激励制度也进行了持续的设计和完善，其中包含许多正面激励制度。但受组织环境和管理者认知的影响，SZT研究所仍然是以物质激励为主。随着经济全球化和国际化进程加剧，SZT研究所的成员结构和成员需求发生了显著变化。尤其是2005年以后，随着SZT研究所成员整体知识水平和业务能力的不断提升，他们对尊重、实现个人价值等精神激励的需求不断提高。为了稳定现有人才队伍并吸引优秀人才加入，SZT 研究所开始重视成员个体需求，并对激励模式进行了不断的设计和调整。在这一阶段，SZT 研究所与其他企业、高校、科研院所、咨询机构等组织的沟通和合作更为频繁，更容易获取其他组织成功激励模式的理论知识和实践经验，并根据自身情况，逐步构建了有特色的物质和精神相结合的激励制度。SZT 研究所激励制度演化经历了 3 个阶段，每一个阶段中制度创新的演化轨道都向一种特定的激励制度（奇异吸引子）收敛，第一阶段是物质激励制度，第二阶段是以物质激励为主的制度，第三阶段是物质和精神激励相结合的制度。即使创新演化是向奇异吸引子收敛的，在特定的激励制度架构内，SZT 研究所的制度创新行为仍然是复杂和不稳定的。企业的开放性越强、与外部组织的信息交换越频繁，组织创新演化轨道会越快地向奇异吸引子趋近，表现为 SZT 研究所对制度创新演化第三阶段的管控能力明显强于前两个阶段。

3. 时间不可逆性

从理论角度来看，非线性动力系统可能会几次处于相同的演化状态。然而，在 HEM 企业组织创新系统中，这种重现的可能性是非常低的。也就是说，HEM 企业组织创新演化不会两次处于相同的演化状态。企业组织创新系统是非线性动力系统，系统中组成要素之间、组成要素与环境要素之间的交互作用关系是复杂的，具有特异性的。因此，在 HEM 企业中，同样的组织创新活动开展两次不可能带来同样的结果。Miller[211] 通过研究成功企业失败的原因，提出特定行动一旦产生完美的结果，那么很可能在某天会导致企业失败。即使企业是基于过去的成功经验，推行相同的组织创新，其结果也是不同的。所以企业应该学会忘记，以便避免面对危机、需要新的响应方式时，陷入惯例的陷阱[212]。同样，内外部环境要素对一个企业的影响与对另一个企业的影响也是不完全相同的。当一个 HEM 企业的成功组织创新被另一个 HEM 企业采纳时，创新结果也是不确定的。因为采纳组织创新的企业在推行创新时的情境与产生该创新的企业并不能完全相同。

中国航天科技集团公司 AX 研究所（以下简称 AX 研究所）的技术攻关大多集中在基础技术的型号适应性研究，而在基础技术的预先研究方面比较薄弱。基础技术预先研究带来的关键性技术突破是推动航天装备制造业跨越式发展的关键，但由于美国等航天装备技术发达国家对中国的技术出口限制，AX 研究所不能通过技术引入的方式实现关键性技术升级。因此，如何提高基础技术的预先研究能力对企业来说是发展的关键。随着臭鼬工厂的飞机研制和创新模式在全球范围被广泛模仿，AX 研究所将这种科研管理模式引入企业，成立了技术资源开发管理部，专门从事基础技术预先研究的相关工作。但是，由于过于照搬臭鼬工厂的科研管理模式，现有科研人员由于预先研究的风险过大、节奏过快及成果认定模糊等，不愿加入新的预先研究体系。同时，新预先研究体系与现有科研体系之间也缺乏协调。过于照搬臭鼬工厂的科研管理模式导致新成立的技术资源开发管理部成了安置其他部门非专业科研人员的部门。每个 HEM 企业都具有特异性，尤其是两个在不同社会、经济、技术和政治背景下成长起来的企业。完全依赖其他企业组织创新的成功经验，直接应用在不同管理情境下的企业组织创新管理实践中，只会导致失败。

2.3 混沌与 HEM 企业组织创新演化

根据前文的分析，HEM 企业渐进式组织创新和激进式组织创新相互影响、相互作用，共同推动了企业组织创新演化过程。由于渐进式组织创新和激进式组织创新之间的非线性相互作用，企业组织创新演化呈现出对初始条件敏感、存在奇异吸引子和时间不可逆性等类似混沌演化的特征。因此，本节将在分析混沌本质的基础上，进一步探究潜在混沌的 HEM 企业组织创新演化。

2.3.1 混沌的本质

具有时间依赖性的系统变量之间的交互作用关系使动力系统表现出非线性特征。这类非线性动力系统内部存在正反馈和负反馈两种机制。当非线性动力系统被负反馈机制控制时，它的运动状态在一个或几个变量中对初始运动状态的偏离，会随时间推移，以指数级数缩小，并最终回归到初始运动状态。而对于被正反馈机制控制的非线性动力系统，它的运动状态在一个或几个变量中对初始运动状态的小偏离，会随着时间推移，以指数级数扩大，并产生爆发式的后果。处于这种运动状态的非线性动力系统的运动趋势是不能预测的。当非线性动力系统中正反馈和负反馈两种对抗机制同时作用于系统运动时，正反馈机制会增强动力系统变量对初始运动状态的偏差、增强系统不稳定性，而负反馈机制会抑制动力系统变量对初始运动状态的偏差、增强系统稳定性。在这种情形下，非线性动力系统会出现3种运动状态：第一种为稳定均衡运动状态，即非线性动力系统会运动到稳定均衡点或者独立于时间的吸引点；第二种为周期性均衡运动状态，即非线性动力系统在运动过程中具有周期性吸引子，会周期性地回到之前的运动状态；第三种为混沌运动状态，即非线性动力系统在运动过程中展现出一种更复杂的貌似随机的运动状态。这种貌似随机的运动状态是不稳定的，并且敏感依赖于初始条件，但非线性动力系统的运动轨道会被限制在一个奇异吸引子中[213]。

混沌是确定性的非线性动力系统非周期有界的动态运动[214]。混沌理论的研究对象是非线性动力系统，它解释了一个似乎矛盾的问题：一个由几个交互作用变量构成的确定性动力系统，不包含任何随机变量，被固定规则控制，为何产生了随机出现的不规则运动[215]？当非线性动力系统中的正反馈机制和负反馈机制处于对抗情形时，非线性动力系统的运动状态——混沌或稳定——依赖于系统要素之间的动态联系及环境要素对非线性动力系统的综合影响作用[216]。当非线性动力系统中彼此耦合的变量以不同频度进行增长或变量之间的联系强度发生变化时，非线性动力系统由稳定均衡经过周期性均衡进入混沌运动[118]。非线性动力系统非周期有界的混沌运动具有以下特征。

1. 敏感依赖于初始条件

当非线性动力系统处于混沌运动状态时，它的运动趋势敏感依赖于初始条件。混沌是非线性动力系统运动状态的指数级别不稳定，系统初始运动状态的微小差别，会随着时间推移不断扩大，并导致最终运动状态的显著差异[217]。Hadamard[218]提出，如果非线性动力系统的初始条件产生了小错误，那么其随后的长期运动趋势是不可预测的。著名的蝴蝶效应提出蝴蝶扇动翅膀可能会导致几个月后的暴风。也就是说，系统初始状态的小偏差可能会带来巨大的差别，这使得对非线性动力系统的运动趋势进行长期预测变得不可能。事实上，非线性动力系统的运动状态可能表现为低维混沌或高维混沌[219]。当非线性动力系统以低维混沌运动时，可以对其运动趋势进行短期预测；但是当非线性动力系统以高维混沌运动时，系统的运动趋势是很难预测的。

2. 存在奇异吸引子

尽管非线性动力系统处于混沌运动状态，它的运动是非周期性的，但是这些运动是有界的，即在连续迭代过程中，非线性动力系统的运动仍然被限制在有限区域内，绝不会发生不可控制的增长。非线性动力系统貌似随机的运动轨道会被吸引到特定区域（吸引子）并被限制在其中。这些吸引子在非线性动力系统的混沌运动中创造了隐含的秩序。但在这些吸引子的有限空间中，非线性动力系统的运动状态仍然是高度复杂和不稳定的[220]。这些吸引子被 Ruelle 命名为奇异吸引子，因为它们不但形状奇怪，而且很难预测，如 Henon 的环形吸引子、Lorenz 的蝴蝶翅膀吸引子及 Rossler 的糖面包型吸引子。

3. 时间不可逆性

从理论角度来看，任何非线性动力系统都可以回到初始状态。然而，由于需要不同要素在时间和空间上的完美同步，处于混沌运动状态的非线性动力系统似乎很难在未来再找到同样的初始条件[221]，因此，混沌系统反转到初始状态的可能性是相当低的。从实践角度来看，非线性动力系统的组成要素之间、组成要素与环境要素之间的交互作用是复杂的、动态变化的。一旦处于混沌运动状态，非线性动力系统在可预见的未来将无法再次处于相同的运动状态。

2.3.2 潜在混沌的 HEM 企业组织创新演化

HEM 企业组织创新系统是由相互依赖的子系统整合构成的，每个子系统都为创新系统做出贡献并从创新系统中获得所需，并且整个企业组织创新系统也与内外部环境相互依赖[222]。HEM 企业组织创新系统内多样的子系统有不同的创新原则，并且这些子系统相互影响、相互作用，因而企业组织创新系统是被非线性关系控制的动力系统。随着内外部环境要素变化，企业通过在组织创新子系统中开展相应创新活动实现子系统的调整或重构，并通过交换信息等方式实现各子系统之间创新活动的动态协同，以实现企业组织创新系统的整体改进或重构，促进企业组织创新系统与环境实现更好的匹配。HEM 企业各组织创新子系统昨天的创新活动会反映到今天，并可能成为明天新创新活动出现的诱因。同时，一些子系统首先推行的创新活动会影响其他子系统，然后带动更多子系统的协同创新活动。因而，HEM 企业组织创新演化具有非线性和动态性。

1. HEM 企业组织创新演化的潜在混沌性

非线性的 HEM 企业组织创新系统中总是存在着多种正在博弈的对抗力量[223-224]。一些力量推动企业组织创新系统进入稳定和有序，包括计划、结构化和控制等；另一些力量推动企业组织创新系统趋向不稳定和无序，包括首创、实验等。根据前面对 HEM 企业组织创新演化过程的分析可知，渐进式组织创新使 HEM 企业变得有效率、受控制、确定性增强、变异减少，它们将企业组织创新锁定在现有创新演化轨道中，并通过持续完善现有组织创新系统，实现对复杂环境的适应；而激进式组织创新使 HEM 企业不断地搜寻、发现、探索和首创，它们破坏现有组织创新系统的有序结构，构建更适应复杂环境的新组织创新系统，推动企业组织创新转向新的创新演化轨道。

企业组织创新系统的有序是必须的，不但使成员能够在企业的权力结构和层级中找到自己的位置，也创造了制定组织创新决策的条件[225]。HEM 企业组织创新演化需要有序和稳定时段，以实现其财务和非财务目标。有序为受到认知限制的企业成员屏蔽了过于复杂的环境影响，为企业组织创新决策提供了确定性情境[226]。有序帮助 HEM 企业锁定了组织创新演化轨道，使其创新演化趋势变得更容易预测，但是它们也增强了企业采纳激进式组织创新的阻力。而如果持续不采纳激进式组织创新，企业在面对内外部环境要素急剧变化时，可能会失败[227]。

在 HEM 企业组织创新演化过程中，推行渐进式组织创新和激进式组织创新的两种力量是相互对抗的。March[39] 提出，企业面对的根本性挑战是在充分利用现有资源和能力的同时，进行足够的探索，以避免企业因市场和技术的变化而变得无关紧要。但 HEM 企业想实现两类组织创新的动态平衡是很困难的，因为企业倾向于推行渐进式组织创新，这类组织创新的确定性更强，更能保障企业在短期内获得收益和成功。而激进式组织创新可能是无效率的，并且企业在探索这类组织创新时，会不可避免地产生一些不好的或者灾难性的创新想法和行为。Bygrave[228] 在研究创新意愿时提出，企业需要产生一些必要的不稳定，以实验不同类型的组织创新。当 HEM 企业给予组织成员足够的自由去实验做事的新方法，或者给予他们足够的资源去无限制地探索新的增长领域时，他们会为企业产生一个应对竞争环境中不同的、未知的需求的列表。Nonaka[137] 提出，在企业组织创新演化过程中，企业有必要允许组成单元之间存在自由空间，以促进组成单元之间冲突的产生。通过这种方式，企业可以自由地质疑和挑战现有运营方式，并很可能找到更适应环境的运营方式。而激进式组织创新和渐进式组织创新这两种对抗力量以平衡方式共同主导 HEM 企业组织创新演化时，会产生高度复杂的情形：HEM 企业组织创新演化具有潜在混沌性，如图 2-4 所示。

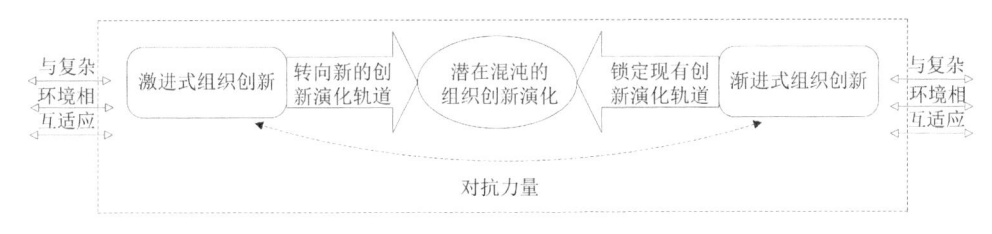

```
与复杂          激进式    转向新的创    潜在混沌的    锁定现有创    渐进式      与复杂
环境相          组织创新   新演化轨道    组织创新演化   新演化轨道    组织创新    环境相
互适应                                                                        互适应
                                    对抗力量
```

图 2-4　HEM 企业组织创新演化的潜在混沌性

2. 潜在混沌的 HEM 企业组织创新演化过程

虽然潜在混沌的 HEM 企业组织创新演化承受着相互对抗的激进式组织创新和渐进式组织创新的影响，但组织创新的混沌演化状态并不是总能被发现的。依据混沌理论和 HEM 企业组织创新管理实践，潜在混沌的 HEM 企业组织创新演化会出现 3 种演化状态：稳定均衡、周期性均衡和混沌。当企业组织创新处于稳定均衡或周期性均衡演化状态时，HEM 企业组织创新演化趋势的可预测性较高，并且创新目标和创新效果之间的一致性同样较高。而当企业组织创新处于混沌演化状态时，在内外部环境要素的影响下，HEM 企业组织创新演化很可能不会按照企业的预期推进，创新效果不可控。此时，企业组织创新演化初始条件的微小差别会导致最终演化状态的巨大差距。Eisenhardt 和 Schoonhoven[229]在研究企业成长时提出企业初创时的微小优势可能会在未来为企业创造新的竞争优势。当组织创新进行混沌演化时，HEM 企业不能预测组织创新的长期演化趋势，无论是创新类型还是创新程度等都无法进行长期预测。

当激进式组织创新和渐进式组织创新以平衡方式共同主导 HEM 企业组织创新演化时，随着内外部环境压力不断增大，企业组织创新演化由稳定均衡经过周期性均衡进入混沌。但 HEM 企业组织创新演化并不完全与自然界中非线性动力系统的演化相同。在自然界中非线性动力系统的演化过程中，其系统的演化规则是不变的。但在 HEM 企业组织创新演化过程中，激进式组织创新与渐进式组织创新之间的关系不是永恒不变的,并且与企业组织创新系统交换信息与资源的内外部环境要素也是动态变化的,这些都增强了企业组织创新演化的不稳定性和复杂性。但HEM企业成员在工作过程中有权改变相互对抗的激进式组织创新和渐进式组织创新的状态及这两类组织创新之间的相对重要性,因此,企业组织创新演化的初始条件、创新演化过程中各组织创新要素之间的关系等方面都会随着企业成员行为的变化而变化[230-231]。企业成员这些变动组织创新演化过程的行为,会受到他们基于创新经验和学习产生的组织创新倾向的影响[232]。随着内外部环境要素的不断变化,HEM企业成员在组织创新演化过程中通过改变各组织创新要素及要素之间关系的性质和强度,可能会推动企业组织创新演化从混沌通过周期性均衡进入稳定均衡或者直接进入稳定均衡,但也可能会导致企业组织创新演化从稳定均衡经由周期性均衡进入混沌或者直接进入混沌。而HEM企业组织创新演化过程更可能维持在一个动态平衡中,如图2-5所示。

图2-5 潜在混沌的HEM企业组织创新演化过程

2.4 HEM企业组织创新混沌演化过程

根据前面的分析,渐进式组织创新和激进式组织创新对推动HEM企业组织创新演化过程、提高企业环境适应能力同样重要。为了兼顾短期成功与长期发展,HEM企业必须对这两类组织创新持续投资、不断调整,并随着时间推移实现渐进式组织创新和激进式组织创新之间的动态平衡。而激进式组织创新和渐进式组

第 2 章
HEM 企业组织创新混沌演化机理

织创新以平衡方式共同主导 HEM 企业组织创新演化时,会导致企业组织创新演化具有潜在混沌性。本节在构建 HEM 企业组织创新演化模型的基础上,对企业组织创新演化的混沌性进行判定,并深入研究企业组织创新混沌演化过程。

2.4.1 企业组织创新演化模型建立

在 HEM 企业组织创新演化过程中,渐进式组织创新和激进式组织创新为争夺企业稀缺资源相互竞争,这种竞争关系具有动态性、复杂性的特点。本书借鉴生态学的种群竞争模型,建立描述渐进式组织创新和激进式组织创新两个种群之间争夺企业稀缺资源的竞争模型,以深入研究 HEM 企业组织创新混沌演化机理。

2.4.1.1 基本前提

与自然界中生物种群的竞争进化过程类似,在 HEM 企业组织创新演化过程中,渐进式组织创新种群和激进式组织创新种群同样经历了一个产生、发展和相互竞争的演化过程。HEM 企业组织创新演化符合生态学中种群竞争模型的基础条件。

1. HEM 企业渐进式组织创新和激进式组织创新是两个相对独立的种群

渐进式组织创新和激进式组织创新可以在 HEM 企业松散耦合的子单元中并存。渐进式组织创新和激进式组织创新是两种根本性不同的创新活动,它们需要不同的知识基础、思维、惯例、程序和技能,它们的变异性和变革时机不同,并且它们的后果,即对企业的短期绩效、发展机会、竞争优势等的影响也存在显著差异[233-234]。

2. HEM 企业渐进式组织创新和激进式组织创新演化均存在代际遗传

在组织创新演化过程中,HEM 企业渐进式组织创新和激进式组织创新的合理平衡是组织历史和环境适应共同作用的结果。企业在平衡渐进式组织创新和激进式组织创新的过程中,会出现大量不同的创新组合,但没有一种组合内在优于其他组合[235]。但是企业高层管理者会发现不是所有创新组合都是可行的，因为企业组织创新锁定在特定演化轨道中，即使在应对环境要素急剧变化时，他们的创新选择仍然会受到过去组织创新的影响[236]。HEM 企业渐进式组织创新和激进组织创新在自身的知识、思维、惯例、程序和技能的作用下，都可以通过迭代进行自我强化，并在迭代过程中不断增强自身的知识、思维、惯例、程序和技能。

3. HEM 企业渐进式组织创新和激进式组织创新之间存在"争夺稀缺资源"的竞争效应

虽然 HEM 企业可以通过获取外部资源的方式缓解内部资源紧张对这两类组织创新的限制，但是这两类组织创新都需要的大部分资源仍然处于较为紧缺的状况。HEM 企业对一类组织创新投资的增加必然会导致对另一类组织创新投资的减少[237]。尽管同时推行渐进式组织创新和激进式组织创新对 HEM 企业生存和繁荣是非常重要的，但资源的有限性往往迫使 HEM 企业倾向于开展某一类组织创新活动。而渐进式组织创新和激进式组织创新资源竞争能力之间的差距会被创新的自我强化机制不断扩大，导致在竞争中处于劣势的组织创新随着时间推移而最终消失。

2.4.1.2 符号定义

考虑在 HEM 企业组织创新演化过程中，渐进式组织创新和激进式组织创新之间的竞争关系，本书对符号和假设说明如下。

（1）x 为 HEM 企业渐进式组织创新状态值，y 为 HEM 企业激进式组织创新状态值。

（2）N_x 和 N_y 分别为 HEM 企业所有资源能够支持的渐进式组织创新和激进式组织创新的最大规模。由于企业可用于组织创新的资源是有限的，因此 N_x 和 N_y 为有限的常数。根据文献[150-151]，进一步假设企业渐进式组织创新和激进式组织创新的独立增长服从 Logistic 增长规律。

（3）k_1 和 k_2 分别为 HEM 企业渐进式组织创新和激进式组织创新的内禀增长率，反映联盟网络、政策规则、技术创新等内外部环境要素对渐进式组织创新和激进式组织创新的综合影响。

（4）$\dfrac{x}{N_x}$ 和 $\dfrac{y}{N_y}$ 分别为 HEM 企业渐进式组织创新和激进式组织创新各自占最大创新规模的比例，称为自然增长饱和度。$\left(1-\dfrac{x}{N_x}\right)$ 和 $\left(1-\dfrac{y}{N_y}\right)$ 分别为渐进式组织创新和激进式组织创新的自身增长阻滞项，反映在企业资源限制下，渐进式组织创新和激进式组织创新对自身增长的阻滞作用。

（5）r_1 表示 HEM 企业激进式组织创新的自然增长饱和度对渐进式组织创新增长的贡献，r_2 表示 HEM 企业渐进式组织创新的自然增长饱和度对激进式组织创新增长的贡献。$r_1 > 0$，$r_2 > 0$。r_1 为内外部环境要素变化对企业激进式组织创新需求与企业对渐进式组织创新倾向的比值，r_2 为内外部环境要素变化对企业渐进式组织创新需求与企业对激进式组织创新倾向的比值。$r_1 > 1$ 表示企业激进式组织创新对渐进式组织创新所需资源的获取能力更强，$r_2 > 1$ 表示企业渐进式组织创新对激进式组织创新所需资源的获取能力更强。

2.4.1.3　模型建立

当 HEM 企业单独推行渐进式组织创新和激进式组织创新时，由于假设这两类组织创新的种群规模增长遵循 Logistic 增长规律，因此渐进式组织创新和激进式组织创新对应有：

$$\frac{\mathrm{d}x}{\mathrm{d}t}=k_1 x\left(1-\frac{x}{N_x}\right) \tag{2-1}$$

$$\frac{dy}{dt}=k_2 y\left(1-\frac{y}{N_y}\right) \quad (2-2)$$

而当 HEM 企业为兼顾短期成功与长期发展，同时推行渐进式组织创新和激进式组织创新时，这两类组织创新为争夺企业的稀缺资源会相互竞争。激进式组织创新获取到资源会对渐进式组织创新增长产生不利影响，反之，渐进式组织创新获取到资源会对激进式组织创新增长产生不利影响。因此，分别在因子$\left(1-\frac{x}{N_x}\right)$和$\left(1-\frac{y}{N_y}\right)$中再增加一项$\left(-r_1\frac{y}{N_y}\right)$和$\left(-r_2\frac{x}{N_x}\right)$，反映两类组织创新之间的竞争阻滞作用，则有描述 HEM 企业渐进式组织创新和激进式组织创新两个种群争夺企业稀缺资源的动态演化方程为：

$$\frac{dx}{dt}=k_1 x\left(1-\frac{x}{N_x}-r_1\frac{y}{N_y}\right) \quad (2-3)$$

$$\frac{dy}{dt}=k_2 y\left(1-\frac{y}{N_y}-r_2\frac{x}{N_x}\right) \quad (2-4)$$

令 $\begin{cases}\dfrac{dx}{dt}=0\\\dfrac{dy}{dt}=0\end{cases}$，得到 HEM 企业组织创新演化的平衡点为 $P_1(N_x, 0)$，$P_2(0, N_y)$，$P_3\left(\dfrac{N_x(1-r_1)}{1-r_1 r_2}, \dfrac{N_y(1-r_2)}{1-r_1 r_2}\right)$，$P_4(0, 0)$。

本书根据微分方程稳定性定理[238]，分析 HEM 企业组织创新演化 4 个平衡点的稳定性，如表 2-1 所示。其中，P_1、P_2 和 P_3 均为 HEM 企业组织创新演化的稳定平衡点，而 P_4 为企业组织创新演化的不稳定平衡点。因为 HEM 企业为了维持生存与发展，必须随着内外部环境要素变化，持续采纳渐进式组织创新和激进式组织创新，并维持两类组织创新之间的动态平衡，所以企业组织创新演化轨道必然会远离 P_4。

表 2-1　HEM 企业组织创新演化平衡点的稳定性

平衡点	p	q	稳定条件
$P_1(N_x, 0)$	$k_1 - k_2(1-r_2)$	$-k_1 k_2(1-r_2)$	$r_1<1, r_2>1$
$P_2(0, N_y)$	$-k_1(1-r_1)+k_2$	$-k_1 k_2(1-r_2)$	$r_1>1, r_2<1$
$P_3\left(\dfrac{N_x(1-r_1)}{1-r_1 r_2}, \dfrac{N_y(1-r_2)}{1-r_1 r_2}\right)$	$\dfrac{k_1(1-r_1)+k_2(1-r_2)}{1-r_1 r_2}$	$\dfrac{k_1 k_2(1-r_1)(1-r_2)}{1-r_1 r_2}$	$r_1<1, r_2<1$ $r_1>1, r_2>1$，鞍点
$P_4(0, 0)$	$-(k_1+k_2)$	$-k_1 k_2$	不稳定

2.4.1.4　演化趋势分析

记 $L_1: 1-\dfrac{x}{N_x}-r_1\dfrac{y}{N_y}=0$，$L_2: 1-\dfrac{y}{N_y}-r_2\dfrac{x}{N_x}=0$。对于 r_1 和 r_2 的不同取值范围，直线 L_1 和 L_2 在相平面上的位置不同，它们分别对应 HEM 企业组织创新演化的 3 个稳定平衡点的 4 种演化趋势。

（1）当 $r_1<1$，$r_2>1$ 时，无论 HEM 企业组织创新演化的初始点在何处，企业组织创新演化轨道会趋向并稳定在 $P_1(N_x, 0)$，如图 2-6 所示。在这种情况下，HEM 企业更关注获得稳定的短期收益，在资源投入等方面更倾向渐进式组织创新。随着时间推移，HEM 企业发现从事已经获得丰富经验积累、具有较高胜任能力的渐进式组织创新更有效率，进而不断增加这类组织创新，最终导致企业组织创新演化陷

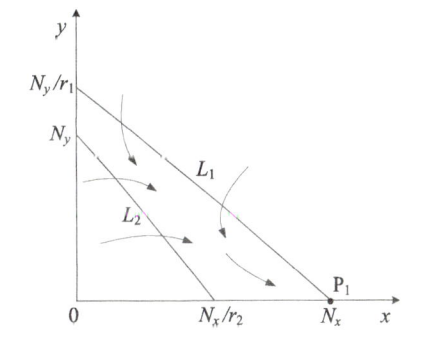

图 2-6　组织创新演化陷入成功陷阱

入成功陷阱。

（2）当 $r_1 > 1$，$r_2 < 1$ 时，HEM 企业组织创新演化对初始点不敏感，所有组织创新演化轨道会趋向并稳定在 $P_2(0, N_y)$，如图 2-7 所示。在这种情况下，HEM 企业更关注获得长期发展机会，倾向于采纳激进式组织创新。激进式组织创新背离现有组织惯例，具有随机性和突变性的特点，产生或采纳它更容易产生不确定性和风险。激进式组织创新的失败往往促使 HEM 企业搜寻更新颖的想法，随着激进式组织创新新颖性的不断增强，企业组织创新演化陷入失败陷阱。

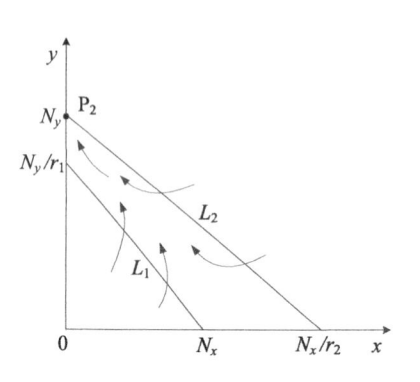

图 2-7 组织创新演化陷入失败陷阱

（3）当 $r_1 < 1$，$r_2 < 1$ 时，HEM 企业组织创新演化不依赖于初始点，所有组织创新演化轨道会趋向并稳定在 $P_3\left(\dfrac{N_x(1-r_1)}{1-r_1 r_2}, \dfrac{N_y(1-r_2)}{1-r_1 r_2}\right)$，如图 2-8 所示。在这种情况下，HEM 企业同时追求短期成功和长期发展，积极采纳渐进式组织创新，并投入足够资源推行激进式组织创新。企业通过均衡配置创新资源，协调这两类组织创新之间的关系，使企业组织创新演化到一个固定的平衡状态。企业以平衡模式推行渐进式组织创新和激进式组织创新，避免了组织创新演化陷入成功陷阱或失败陷阱。但不考虑内外部环境要素变化，以固定创新组合推行这两类组织创新，又导致企业组织创新演化陷入平衡陷阱。在 HEM 企业组织创新管理实践中，企业持续以固定组合推行渐进式组织创新和激进式组织创新的

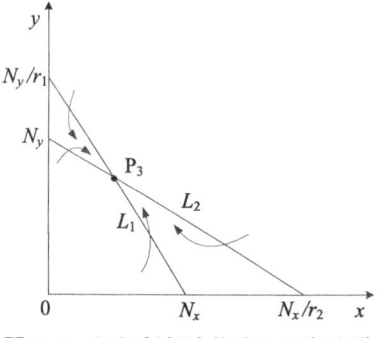

图 2-8 组织创新演化陷入平衡陷阱

第 2 章
HEM 企业组织创新混沌演化机理

情况很少见，通常是随着内外部环境要素变化进行动态平衡。

（4）当 $r_1 > 1$，$r_2 > 1$ 时，$P_3\left(\dfrac{N_x(1-r_1)}{1-r_1r_2}, \dfrac{N_y(1-r_2)}{1-r_1r_2}\right)$ 为 HEM 企业组织创新演化的鞍点，$P_1(N_x, 0)$ 和 $P_2(0, N_y)$ 是企业组织创新演化的局部稳定平衡点。L_1 和 L_2 将 R_2^+ 整个二维象限划分为 4 个区域，由于 P_4 的不稳定性和区域 Ⅱ 中企业组织创新演化轨道的走向，必有一条来自 P_4 的组织创新演化轨道最终进入 P_3。同理，根据区域 Ⅳ 中组织创新演化轨道的方向场可知，另一条进入 P_3 的组织创新演化轨道来自区域 Ⅳ 中无穷远的不稳定点[239]。此时，P_1 的吸引域是由 x 轴和进入 P_3 的轨线构成的无界角域，而 P_2 的吸引域是由 y 轴和进入 P_3 的轨线构成的无界角域。当 HEM 企业组织创新演化的初始点位于 P_1 或 P_2 的吸引域时，随着时间的推移，企业组织创新演化轨道会趋向并稳定在 P_1 或 P_2，如图 2-9 所示。但当组织创新演化的初始点位于进入 P_3 的轨线附近时，HEM 企业组织创新演化轨道不稳定，初始点的微小差异，随时间推移会导致企业组织创新演化轨道向不同的局部稳定平衡点 P_1 或 P_2 收敛。

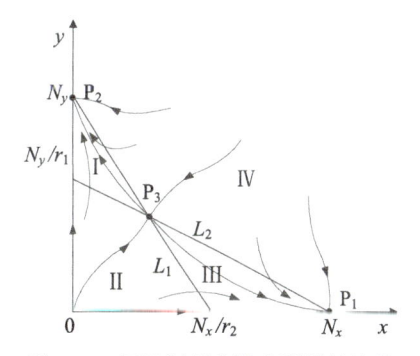

图 2-9　组织创新在鞍点附近的演化

2.4.2　企业组织创新演化的混沌性判定

非线性是动力系统在运动中出现混沌行为的必要条件[240]。虽然 HEM 企业组织创新系统是确定性系统，不包含任何随机要素，但由于内部渐进式组织创新和激进式组织创新之间的复杂竞争关系，而具有非线性特征，并在企业组织创新演化过程中可能会自发地产生貌似随机的运动状态。在建立 HEM 企业组织创新演化模型的基础上，本书应用 Lyapunov 指数法进一步对企业组织创新演化的混沌性进行判定。

Lyapunov 指数能够定量描述非线性动力系统演化轨道之间的平均分离或者收缩的快慢，反映非线性动力系统的整体混沌水平[241]。根据 HEM 企业组织创新演化模型，企业组织创新系统是具有二维相空间的非线性动力系统。该创新系统以 z_0 为演化初始条件形成一条组织创新演化轨道 $z(z_0, t)$。若初始条件 z_0 在企业组织创新系统二维相空间的第 i 个方向产生了 $\delta z_i(z_0, 0)$ 的微小变化，则 t 时刻 HEM 企业组织创新演化轨道之间的偏差会扩大为 $\delta z_i(z_0, t)$，并且 $\delta z_i(z_0, t) = z_i(z_0 + \delta z_i(z_0, 0), t) - z(z_0, t)$。将企业组织创新演化轨道在两个维度的偏差按大小进行排序为 $\|\delta z_1(z_0, t)\| > \|\delta z_2(z_0, t)\|$，则 HEM 企业组织创新演化轨道在二维相空间第 i 个方向的收缩或者扩张的平均指数率 Lyapunov 指数 λ_i 可以由公式（2-5）求得。

$$\lambda_i = \lim_{t \to \infty} \frac{1}{t} \ln \frac{\|\delta z_i(z_0, t)\|}{\|\delta z(z_0, 0)\|} \qquad (2\text{-}5)$$

式中，$i = 1, 2$。对于具有二维相空间的 HEM 企业组织创新系统，它具有混沌吸引子的条件是 $\lambda_1 > 0$，并且 $\lambda_2 < 0$。λ_1 越大，表明企业组织创新演化的混沌性越强。

根据公式（2-3）和公式（2-4），引入时间间隔 t，令 $X(t) = x(t)/N_x$，$Y(t) = y(t)/N_y$，分别表示在现有资源条件下，HEM 企业在 t 时刻推行渐进式组织创新和激进式组织创新的状态值，$X(t) \in [0, 1]$，$Y(t) \in [0, 1]$。则 HEM 企业组织创新演化方程为：

$$X(t+1) = k_1 X(t)[1 - X(t) - r_1 Y(t)] + X(t) \qquad (2\text{-}6)$$

$$Y(t+1) = k_2 Y(t)[1 - Y(t) - r_2 X(t)] + Y(t) \qquad (2\text{-}7)$$

为研究非线性动力系统的混沌性，本书需要将描述非线性动力系统运动变化的

非线性方程变换为 Logistic 映射[179]。首先，令 $\mu_1'(t) = X(t)/[1-r_1Y(t)]$，得到 $\mu_1'(t+1) = k_1[1-r_1Y(t)]\mu_1'(t)[1-\mu_1'(t)] + \mu_1'(t)$。然后，记 $\alpha_1 = k_1[1-r_1Y(t)]$，令 $\mu_1(t) = \alpha_1\mu_1'(t)/(1+\alpha_1)$，$\varphi_1 = 1+|\alpha_1|$，将公式（2-6）线性变换为一维 Logistic 映射方程为公式（2-8），同理，将公式（2-7）变换为公式（2-9）。

$$\mu_1(t+1) = \varphi_1\mu_1(t)[1-\mu_1(t)] \tag{2-8}$$

$$\mu_2(t+1) = \varphi_2\mu_2(t)[1-\mu_2(t)] \tag{2-9}$$

一维 Logistic 映射由稳定均衡经过倍周期分岔达到混沌，即 $\varphi_i \in [0, 4]$，$|\alpha_i| \in [0, 3]$。当 $\varphi_i \in [0, 3]$，$|\alpha_i| \in [0, 2]$ 时，$\mu_i(t)$ 进行稳定均衡演化；当 $\varphi_i \in (3, 3.5699]$，$|\alpha_i| \in (2, 2.5699]$ 时，$\mu_i(t)$ 开始以周期 2^n 进行周期性均衡演化；当 $\varphi_i \in (3.5699, 4]$，$|\alpha_i| \in (2.5699, 3]$ 时，$\mu_i(t)$ 从倍周期分岔进入混沌。此时，$\mu_i(t)$ 的演化轨道既不重复自身也不稳定，但会被奇异吸引子吸引到有界区域中。

根据前面的分析，在 HEM 企业组织创新演化过程中，激进式组织创新是偏离企业现有组织惯例的变革，当内外部环境要素急剧变化时，这类组织创新会承受来自内外部环境的巨大压力，则 $\varphi_2 \in [0, 4]$，$|\alpha_2| \in [0, 3]$；而渐进式组织创新是对企业现有组织惯例的改进，承受的内外部环境压力较小，则 $\varphi_1 \in [0, 3.5699]$，$|\alpha_1| \in [0, 2.5699]$。同时考虑 HEM 企业组织创新演化模型中参数之间的关系，分别取情境 1：$r_1^1 = 2$，$r_2^1 = 3$，$k_1^1 = 0.6$，$k_2^1 = 1$；情境 2：$r_1^2 = 2$，$r_2^2 = 3$，$k_1^2 = 0.6$，$k_2^2 = 3$。

在采用四阶 Runge-Kutta 法对 HEM 企业组织创新演化方程进行离散化的基础上，本书运用奇异值分解法分别求解情境 1 和情境 2 的 Lyapunov 指数谱，以判定 HEM 企业组织创新演化过程是否存在混沌演化状态。应用 MATLAB 8.5 工具编程并运行得到企业组织创新演化的 Lyapunov 指数，情境 1：$\lambda_1^1 = 0.00013542$，$\lambda_2^1 = -0.0120$；情境 2：$\lambda_1^2 = 0.0046$，$\lambda_2^2 = -0.0582$。

由情境 1：$\lambda_1^1 > 0$，$\lambda_2^1 < 0$；情境 2：$\lambda_1^2 > 0$，$\lambda_2^2 < 0$得出结论：HEM 企业组织创新演化对初始条件敏感依赖，组织创新演化初始状态的微小差别随着时间推移会以指数级速率扩大成巨大差距，企业组织创新演化轨道不稳定，创新演化呈现出混沌状态。

同时在情境 1 中，$\varphi_1^2 \in [0, 3.5699]$，$|\alpha_1^2| \in [0, 2.5699]$，即内外部环境要素变化对 HEM 企业组织创新演化的压力较小。在这种情况下，HEM 企业组织创新演化的初始状态 $(X^1(0), Y^1(0))$ 只有出现在进入鞍点 P_3 的轨线附近时，企业组织创新演化才会表现出对初始状态$(X^1(0), Y^1(0))$的敏感依赖。但在情境 2 中，$\varphi_2^2 \in (3.5699, 4]$，$|\alpha_2^2| \in (2.5699, 3]$，即内外部环境要素变化对 HEM 企业组织创新演化的压力较大。在这种情况下，无论 HEM 企业组织创新演化的初始状态$(X^2(0), Y^2(0))$在何处，企业组织创新演化都敏感依赖于初始状态，组织创新演化展现出貌似随机但具有潜在秩序的混沌状态。因此，$\lambda_1^2 > \lambda_1^1 > 0$表明内外部环境要素变化对激进式组织创新的压力越大，HEM 企业组织创新演化的混沌性越强。

2.4.3 企业组织创新混沌演化规律分析

根据前面建立的 HEM 企业组织创新演化模型和得出的企业组织创新演化混沌性判定结果，令 $r_1 = 2$，$r_2 = 3$，$|\alpha_1| \in [0, 2.5699]$，$|\alpha_2| \in [0, 3]$，则 $k_1 \in [0, 1.28495]$，$k_2 \in [0, 3]$，HEM 企业组织创新演化的鞍点为 $(0.2, 0.4)$。分别在直线 L_1 和 L_2 划分的 4 个区域（图 2-9）中选取 4 个组织创新演化初始点：$P_{01}(X(0)_1=0.1, Y(0)_1=0.7)$，$P_{02}(X(0)_2=0.1, Y(0)_2=0.2)$，$P_{03}(X(0)_3=0.7, Y(0)_3=0.1)$，$P_{04}(X(0)_4=0.5, Y(0)_4=0.5)$。运用 MATLAB 8.5 工具编程并运行得到公式（2-6）和公式（2-7）中随着 k_1 和 k_2 变化，HEM 企业渐进式组织创新和激进式组织创新混沌演化过程的模拟结果，如图 2-10 所示。

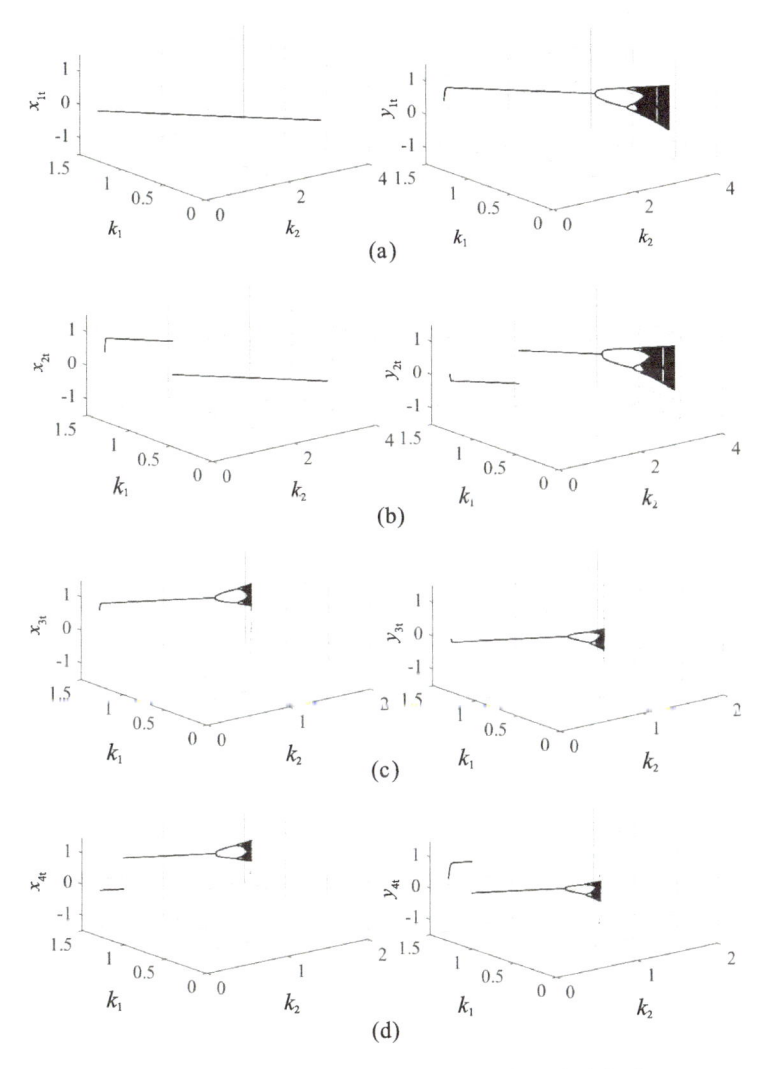

图 2-10　随着 k_i 变化 HEM 企业组织创新混沌演化过程

在图 2-10（a）中，当内外部环境要素变化对激进式组织创新压力较小（$k_2 \in [0, 2]$）时，HEM 企业组织创新演化初始点 ($X(0)$, $Y(0)$) 在 $P_2(0, 1)$ 吸引域中的位置不会影响企业组织创新的演化趋势，所有组织创新演化轨道都趋向并收敛于 P_2。也就是说，当环境压力较小时，关注探索新组织模式的 HEM 企业在松散耦合子单元中推行的激进式组织创新，会累积成为企业组织创新演化的序参量，并引发以其为核心的大规模激进式组织创新（$X(t) \to 0$，$Y(t) \to 1$），推动组织创新演化进入变革时段。但当内外部环境要素剧变（$k_2 \in (2.5699, 3]$）时，HEM 企业激进式组织创新演化的不确定性以指数级数增强，激进式组织创新由稳定均衡时段，经由倍周期分岔演化时段进入混沌演化时段。

在图 2-10（c）中，当内外部环境要素变化对激进式组织创新压力较小（$k_2 \in [0, 1.28495]$）时，无论 HEM 企业组织创新演化初始点 ($X(0)$, $Y(0)$) 在 $P_1(1, 0)$ 吸引域中何处，所有组织创新演化轨道都趋向并收敛于 P_1。也就是说，当环境压力较小时，持续成功的渐进式组织创新使 HEM 企业内部的惰性压力不断增大，企业只接受渐进性的调整，组织创新锁定在现有演化轨道（$X(t) \to 1$，$Y(t) \to 0$）。但当内外部环境要素急剧变化（$k_2 \in (1.28495, 1.5]$）时，由于缺乏推行激进式组织创新的经验和能力，HEM 企业激进式组织创新进入混沌演化时段，而由于激进式组织创新和渐进式组织创新之间的复杂竞争关系，渐进式组织创新也随之进行混沌演化。

在图 2-10（b）和图 2-10（d）中，鞍点 P_3 是 HEM 企业组织创新混沌演化的转折点，进入 P_3 的轨线是 P_1 和 P_2 吸引域的分界线，有很强的敏感性。当企业组织创新演化的初始点 ($X(0)$, $Y(0)$) 位于进入 P_3 轨线的影响域时，HEM 企业组织创新演化轨道会产生断裂式跃迁，组织创新演化轨道的断裂位置和跃迁方向与初始点密切相关。当 HEM 企业组织创新演化的初始点位于区域 Ⅱ 内进入 P_3 轨线的影响域时，企业组织创新演化轨道由 ($X(t) \to 1$, $Y(t) \to 0$) 向 ($X(t) \to 0$, $Y(t) \to 1$) 跃迁。而当 HEM 企业组织创新演化的初始点出现在区域 Ⅳ 内进入 P_3 轨线的影响域时，企业组织创新演化轨道表现为由 ($X(t) \to 0$, $Y(t) \to 1$) 跃迁到 ($X(t) \to 1$, $Y(t) \to 0$)。

进入鞍点轨线的影响域是 HEM 企业以二元性方式平衡激进式组织创新和渐进式组织创新的临界域，这两类组织创新的竞争效应较强。在图 2-10（b）中，企业组织创新演化初始点的 $X(0)$ 和 $Y(0)$ 值均较低，表明 HEM 企业在改善现有组织模式的同时，维持异质性单元以探索新的组织模式。但当内外部环境压力较小时，在组织惯例等有序力量的影响下，企业组织创新演化轨道向 ($X(t) \to 1$,

$Y(t) \to 0$) 收敛。而随着内外部环境压力不断增大，HEM 企业为了探寻更适应环境的新组织模式，积极推行激进式组织创新，并推动组织创新演化轨道由 ($X(t) \to 1$，$Y(t) \to 0$) 向 ($X(t) \to 0$，$Y(t) \to 1$) 跃迁。此时，企业组织创新演化初始点越靠近 P_2 吸引域，组织创新演化轨道越早跃迁。

在图 2-10（d）中，企业组织创新演化初始点的 $X(0)$ 和 $Y(0)$ 值均较高，表明 HEM 企业期望通过组织创新同时获得短期成功与长期发展。但企业不仅需要投入大量资源实现两类组织创新的较高程度实施，还需要投入资源平衡两类组织创新之间的关系[243]。当内外部环境压力较小时，较强的激进式组织创新倾向使企业转向积极探寻新的组织模式，组织创新演化轨道向 ($X(t) \to 0$，$Y(t) \to 1$) 收敛。但随着内外部环境压力不断增大，同时以较高程度推行激进式组织创新和渐进式组织创新并维持这两类组织创新之间的平衡对 HEM 企业来说是很困难的。在创新资源和激进式组织创新能力的限制下，HEM 企业会转向推行更能胜任的渐进式组织创新，导致组织创新演化轨道由 ($X(t) \to 0$，$Y(t) \to 1$) 跃迁到 ($X(t) \to 1$，$Y(t) \to 0$)。此时，HEM 企业组织创新演化初始点越靠近 P_1 的吸引域，组织创新演化轨道越早跃迁。

内外部环境要素的急剧变化使 $P_1(1,0)$ 和 $P_2(0,1)$ 不再是 HEM 企业组织创新演化的局部稳定平衡点，虽然它们仍然会吸引企业组织创新演化轨道向其收敛，但在它们的吸引域中企业组织创新演化状态不确定。组织创新演化初始点位于 P_2 的吸引域或组织创新演化轨道会跃迁到该区域的 HEM 企业对环境变化的适应能力更强，表现为 $k_2 \in (2.5699, 3]$ 时，企业激进式组织创新才经由倍周期分岔进入混沌演化状态。而组织创新演化初始点位于 P_1 的吸引域或组织创新演化轨道会跃迁到该区域的 HEM 企业在 $k_1 \in (1.28495, 1.5]$ 时，激进式组织创新就会带动渐进式组织创新开始进行混沌演化，并导致整个组织创新系统都处于混沌运动状态中。

当 HEM 企业组织创新演化的初始点位于 P_1 的吸引域或组织创新演化轨道会跃迁到该区域时，HEM 企业会以较小规模激进式组织创新带动较大规模渐进式组织创新的演化方式应对内外部环境要素的急剧变化。来自内外部环境的较大创新压力推动企业激进式组织创新演化进入混沌状态，并且由于激进式组织创新与渐进式组织创新之间的复杂竞争关系，渐进式组织创新也随之进行混沌演化。但 HEM 企业组织创新演化并没有真正进入变革时段，企业组织创新并没有转向更为适应环境变化的组织创新演化轨道，导致内外部环境对企业推行大规模激进式组织创新的压力持续累积。

当 HEM 企业组织创新演化的初始点位于 P_2 的吸引域或组织创新演化轨道会跃迁到该区域时，一些 HEM 企业能够及时感知内外部环境要素的变化，并积极推行大规模的激进式组织创新，推动企业组织创新演化进入变革时段。它们可以在一定程度上较合理地设置组织创新演化初始条件并协调各创新要素之间的关系，使企业组织创新演化的混沌性降低。而另一些 HEM 企业在面对内外部环境要素的急剧变化时，会先将组织创新演化的初始点设置在 P_1 的吸引域或将创新演化轨道跃迁到该区域。它们的组织创新演化并没有转向更适应内外部环境变化的轨道，导致来自内外部环境的激进式组织创新压力不断累积。当这些企业迫于环境压力不得不采纳大规模激进式组织创新时，巨大创新压力会推动激进式组织创新以很强的混沌性进行演化。

在分析当 $r_2 > r_1 > 1$ 时 HEM 企业组织创新混沌演化过程的基础上，本书进一步研究了当 $r_1 > r_2 > 1$ 和 $r_1 = r_2 > 1$ 时 HEM 企业组织创新混沌演化过程，发现虽然 HEM 企业组织创新演化的 $X(0)$、$Y(0)$ 和 k_i 是偶然和较难预测的，并且它们会导致企业组织创新演化轨道的变化尺度不同，但是激进式组织创新和渐进式组织创新都由稳定均衡演化经周期性演化进入混沌演化，且这两类组织创新的演化轨道都遵从 Feigenbaum 常数系，具有标度不变形的特性。因此，只要企业组织创新演化方程满足整体演化需要，HEM 企业组织创新演化轨道的变化形式都是相似的。

根据前面企业组织创新混沌演化过程的模拟结果，本书对 HEM 企业组织创新混沌演化规律的分析如下。

第 2 章　HEM 企业组织创新混沌演化机理

1. 激进式组织创新和渐进式组织创新之间较强的竞争效应是 HEM 企业组织创新演化进入混沌的一般条件

根据前文的分析，激进式组织创新和渐进式组织创新之间较强的竞争效应是指 $r_1 > 1$，$r_2 > 1$。其中，r_1 为内外部环境变化对激进式组织创新需求与 HEM 企业对渐进式组织创新倾向的比值，r_2 为内外部环境变化对渐进式组织创新需求与 HEM 企业对激进式组织创新倾向的比值。而 r_1 和 r_2 同时大于 1，表明虽然内外部环境要素变化对激进式组织创新需求高于渐进式组织创新需求，但企业对渐进式组织创新倾向却高于激进式组织创新。即当内外部环境要素变化需要 HEM 企业采纳激进式组织创新，但 HEM 企业对采纳激进式组织创新的倾向较低时，随着内外部环境压力不断增大，企业激进式组织创新由稳定均衡经倍周期分岔进入混沌演化。而由于 HEM 企业激进式组织创新与渐进式组织创新之间的复杂竞争关系，渐进式组织创新也随之进行混沌演化，如图 2-11 所示。

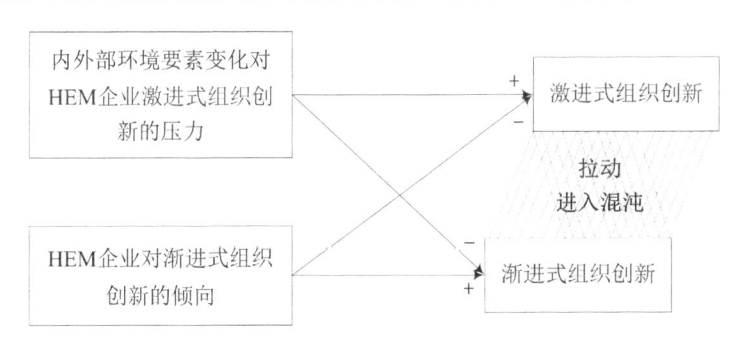

图 2-11　HEM 企业组织创新演化进入混沌的一般条件

实现渐进式组织创新和激进式组织创新之间的合理平衡，能够使 HEM 企业既立足现在，通过推行渐进式组织创新有效运作现有资源，同时又着眼未来，采纳激进式组织创新以实现持续发展。根据 HEM 企业组织创新管理实践，HEM 企业不是以同等水平或者固定比例采纳两类组织创新来实现两类组织创新的平衡的，而是根据内外部环境要素的变化，对渐进式组织创新和激进式组织创新进行动态平衡。由于 HEM 企业的成功与发展高度依赖高尖端技术，因此技术创新在 HEM 企业中更受关注并获得更多资源投入。由于组织创新资源和激进式组织创新能力的限制，当内外部环境要素变化需要 HEM 企业采纳激进式组织创新，但 HEM 企业对采纳激进式组织创新的倾向较低，更愿意推行风险性较小的渐进式组织创新时，HEM 企业组织创新演化就具备了进入混沌的一般条件。

2. 鞍点是 HEM 企业组织创新混沌演化的转折点

在进入鞍点轨线的影响域中，HEM 企业渐进式组织创新和激进式组织创新之间的竞争效应较强，组织创新演化敏感依赖于初始条件。初始条件在进入鞍点轨线影响域中的位置决定了企业组织创新演化轨道的断裂位置和跃迁方向。因此，进入鞍点轨线的影响域是 HEM 企业以二元性方式平衡两类组织创新的临界域。当内外部环境压力较小时，持续推行小规模渐进式组织创新和激进式组织创新使企业能够在不断完善现有组织模式的同时，持续探索新组织模式。但这些小规模激进式组织创新被控制在组织创新系统的局部，不会使企业组织创新偏离现有演化轨道。但随着内外部环境压力不断增大，HEM 企业组织创新演化轨道会由 $(X(t) \to 1, Y(t) \to 0)$ 向 $(X(t) \to 0, Y(t) \to 1)$ 跃迁，企业组织创新演化由收敛时段进入变革时段。而当企业同时以较高程度持续推行渐进式组织创新和激进式组织创新时，较小的内外部环境压力和较强的激进式组织创新倾向会使企业转向探索新组织模式，并推动组织创新演化进入变革时段。但随着内外部环境压力不断增大，在企业创新资源和激进式组织创新能力的限制下，HEM 企业组织创新演化轨道会由 $(X(t) \to 0, Y(t) \to 1)$ 跃迁到 $(X(t) \to 1, Y(t) \to 0)$。

根据 HEM 企业组织创新管理实践，当内外部环境压力较小时，HEM 企业可以尝试在子单元中持续推行小规模激进式组织创新，以寻找更适合开展技术创新活动、提升企业运营效率的新组织模式。这些小规模激进式组织创新及其积累，不但有利于提升企业激进式组织创新能力，还为变革时段构建新组织创新系统提供了可能的序参量。在面对内外部环境要素急剧变化时，这些 HEM 企业更容易将组织创新演化的初始点设置在 P_2 的吸引域或创新演化轨道会向该吸引域跃迁的区域，使企业在获得更多创新选择的同时，尽早推动组织创新演化进入变革时段，有利于更适应环境的新组织模式的形成。而由于创新资源和激进式创新能力的限制，当内外部环境压力较大时，HEM 企业持续较大规模地同时实施渐进式组织创新和激进式组织创新不利于新组织模式的形成，反而会迫使企业转向开展更能胜任的渐进式组织创新活动，导致企业组织创新没能转向更适应环境的演化轨道。

3. 内外部环境要素变化对激进式组织创新的压力会增强 HEM 企业组织创新演化的混沌性

在图 2-10 中，当内外部环境压力较小时，HEM 企业组织创新演化有 $P_1(1, 0)$ 和 $P_2(0, 1)$ 两个局部稳定平衡点，而只有当企业组织创新演化的初始条件 $(X(0), Y(0))$ 出现在进入鞍点 P_3 轨线的影响域时，企业组织创新演化才会表现出对初始条件的敏感依赖。但随着内外部环境压力不断增大，HEM 企业组织创新演化由稳定均衡经倍周期分岔进入混沌，即面对较大的内外部环境压力，无论初始条件在何处，企业激进式组织创新演化都会敏感依赖于初始条件。而由于激进式组织创新与渐进式组织创新之间的复杂竞争关系，渐进式组织创新演化轨道也变得不稳定。此时，P_1 和 P_2 不再是 HEM 企业组织创新演化的局部稳定平衡点，虽然它们仍然会吸引企业组织创新演化轨道向其收敛，但是企业组织创新演化轨道不稳定。

根据 HEM 企业组织创新管理实践，当组织创新演化的初始点位于 P_1 的吸引域或组织创新演化轨道会跃迁到该区域时，HEM 企业更倾向于推行渐进式组织创新。面对内外部环境要素的急剧变化，这些 HEM 企业倾向于在一个或两个组织创新维度中推行小规模的激进式组织创新，并同时在其他组织创新维度推行较大规模的渐进式组织创新。来自内外部环境的较大创新压力会推动企业激进式组织创新演化进入混沌状态，并且由于激进式组织创新与渐进式组织创新之间的复杂竞争关系，渐进式组织创新也随之进行混沌演化。但 HEM 企业激进式组织创新的多样性有限，并且它们较难成为推动企业组织创新转向更适应环境的演化轨道的序参量。这种以较小规模激进式组织创新带动较大规模渐进式组织创新的创新演化方式，会给企业成员带来已经对组织模式进行了根本性变革的错觉，并导致企业推动组织创新演化重新进入收敛时段。但 HEM 企业组织创新并没有完全偏离现有创新演化轨道，没能转向更为适应内外部环境的创新演化轨道，因此内外部环境要素变化对企业推行大规模激进式组织创新的压力持续累积。

而当组织创新演化的初始点位于 P_2 的吸引域或组织创新演化轨道会跃迁到该区域时，HEM 企业会积极投入资源，推行大规模的激进式组织创新以探寻更适应环境的新组织模式。面对内外部环境要素的急剧变化，一些 HEM 企业会主动以激烈的、结构扭曲的替代方式推行大规模的激进式组织创新，推动企业组织创新演化进入变革时段，使企业组织创新转向新的创新演化轨道。虽然激进式组织创新演化进入混沌时段，但也为企业提供了较多的创新选择。这些企业可以在一定程度上控制有害的初始条件，选择有利的初始条件并使其成为构建新组织创新系统的序参量，所以企业组织创新演化的混沌性相对较低。而另一些 HEM 企业在面对内外部环境要素的急剧变化时，会先将企业组织创新演化的初始点设置在 P_1 的吸引域或组织创新演化轨道会跃迁到该区域。根据前文的分析，这些企业组织创新演化并没有真正进入变革时段，企业组织创新并没有转向更为适应内外部环境要素变化的创新演化轨道，导致内外部环境要素变化对企业推行大规模激进组织创新的压力持续累积。而当这些企业迫于内外部环境压力不得不采纳大规模激进组织创新，推动组织创新演化进入变革时段时，巨大创新压力会促使激进式组织创新以很强的混沌性进行演化。这些 HEM 企业很难合理设置组织创新演化的初始条件并进一步干预和控制各创新要素之间的协调关系，导致企业组织创新演化初始条件的微小差别最终演化成为巨大差距。

面对内外部环境要素急剧变化，具有较强激进式组织创新能力的 HEM 企业更可能将组织创新演化初始点设置在 P_2 的吸引域或是创新轨道会跃迁到 P_2 吸引域的区域。它们在面对混沌状态下的多样创新选择时，能在一定程度上选择有利初始条件作为构建新组织创新系统的序参量，并推动企业组织创新转向新的演化轨道。而倾向于推行渐进式组织创新的 HEM 企业即使面对内外部环境要素剧变，仍然更可能将组织创新演化初始点设置在 P_1 的吸引域或是创新轨道会向 P_1 的吸引域跃迁的区域。企业组织创新系统整体进入混沌运动状态，但激进式组织创新多样性相对有限，企业组织创新演化并没有进入变革时段。这就解释了同样面对内外部环境要素剧变，为什么一些 HEM 企业产生了激进式组织创新，而另一些 HEM 企业则采纳了渐进式组织创新。

根据前文的分析，当 HEM 企业激进式组织创新和渐进式组织创新之间具有较强的竞争效应，即企业组织创新演化具备进入混沌的一般条件时，HEM 企业组织创新也并不一定进入混沌演化时段。当内外部环境压力较小时，企业组织创新处于稳定均衡或周期性均衡演化时段。但随着内外部环境压力不断增大，企业激进式组织创新演化由稳定均衡经周期性均衡进入混沌演化时段。而由于激进式组织创新与渐进式组织创新之间的复杂竞争关系，渐进式组织创新也随之进行混沌演化。依据混沌理论，当非线性动力系统的局部处于混沌运动状态时，整个非线性动力系统也处于混沌运动状态[216]。也就是说，当 HEM 企业激进式组织创新进入混沌演化时段时，企业整个组织创新系统也呈现混沌运动状态。所以，有效管控激进式组织创新混沌演化是降低 HEM 企业组织创新演化混沌性的关键。

当 HEM 企业组织创新演化的初始点位于 P_1 的吸引域或组织创新演化轨道会跃迁到该区域时，虽然来自内外部环境的较大创新压力会推动企业激进式组织创新进入混沌演化时段，但激进式组织创新规模较小，企业组织创新并没有转向更为适应内外部环境要素变化的创新演化轨道。而当 HEM 企业组织创新演化的初始点位于 P_2 的吸引域或组织创新演化轨道会跃迁到该区域时，HEM 企业会推动组织创新演化进入变革时段，并推行大规模的激进式组织创新，形成新的组织创新系统。所以，有效控制 HEM 企业组织创新演化变革时段中激进式组织创新演化的混沌性，是帮助企业在复杂情境下，合理设置组织创新演化的初始条件，推动企业组织创新转向更为适应内外部环境要素变化的演化轨道的关键。

当 HEM 企业组织创新演化具备进入混沌的一般条件时，企业组织创新演化的稳定均衡状态、周期性均衡状态和混沌状态并不是可以分离选择的创新演化状态。随着内外部环境压力的不断增大，HEM 企业的稳定均衡/周期性均衡演化时段和混沌演化时段是连续出现的，反之亦然。当内外部环境压力较小时，HEM 企业组织创新以稳定均衡状态或周期性均衡状态进行演化。此时，HEM 企业通过合理设置组织创新演化的初始条件并协调各创新要素之间的关系，使企业组织创新最终演化状态与预期状态趋于一致，并获得较高的组织创新效能。但随着内外部环境压力的不断增大，HEM 企业组织创新演化由稳定均衡状态经由周期性均衡状态进入混沌状态。在较大环境压力的影响下，HEM 企业组织创新演化初始条件的微小差别会导致企业组织创新最终演化状态的巨大差距，并且组织创新效能也较低。所以，针对 HEM 企业组织创新演化变革时段，有效控制激进式组织创新演化混沌性的关键是明确内外部环境要素如何相互影响、相互作用，共同驱动企业组织创新混沌演化。

2.5　本章小结

本章在分析 HEM 企业特征及其组织创新属性的基础上，以演化视角划分了 HEM 企业组织创新类型，建立了企业组织创新间断均衡演化过程的理论模型，分析了企业组织创新演化特征并解析了潜在混沌的 HEM 企业组织创新演化。借鉴种群竞争模型，建立了 HEM 企业组织创新演化的数学模型，通过分析模型平衡点稳定性及其演化趋势，发现当创新演化初始状态出现在进入鞍点轨线附近时，其微小变化将导致最终演化状态的巨大差别。采用 Lyapunov 指数法判定了 HEM 企业组织创新演化具有混沌性。运用企业组织创新演化模型模拟企业组织创新混沌演化过程并深入分析了组织创新混沌演化规律，揭示了企业组织创新混沌演化机理，为进一步研究 HEM 企业组织创新混沌演化的影响机制和驱动机制奠定了理论基础。

第3章
HEM 企业组织创新混沌演化的影响机制

HEM企业组织创新系统是开放的非线性系统，它的运动状态必然会受到企业内外部环境中多层次要素的影响。根据第2章揭示的企业组织创新混沌演化机理，为有效控制企业组织创新演化的混沌性，HEM企业应明确内外部环境要素对组织创新混沌演化的复杂影响作用。根据第1章中组织创新影响要素的国内外相关研究综述，影响企业组织创新演化的要素可以划分为环境要素、组织要素和个体要素这3个层次。这3个层次要素对企业组织创新演化的影响程度，甚至影响方向都存在差别。但是目前缺乏对企业组织创新混沌演化影响要素的研究。针对HEM企业组织创新演化变革时段中的激进式组织创新混沌演化，本章将明确环境要素、组织要素和个体要素这3个层次中单要素对HEM企业组织创新混沌演化的差别影响作用。

中国HEM企业以国有企业或国有控股企业为主，它们大部分历史比较悠久，其中有些位于北方的HEM企业是在中国第一个五年计划时由前苏联援建的，甚至还有些企业在新中国成立之前就已经成为较发达的生产工厂。这类企业的组织创新混沌演化具有明显的中国特色。根据第1章中组织创新影响要素的国内外相关研究综述，本章综合考虑HEM企业的特征及其组织创新属性，在分析中外企业相同要素对HEM企业组织创新混沌演化影响的同时，将更多地关注中国企业特色要素对企业组织创新混沌演化的影响作用。

3.1 多层次要素对组织创新混沌演化的影响作用

3.1.1 环境要素对组织创新混沌演化的影响作用

环境是HEM企业组织创新混沌演化的首要刺激物，对创新混沌演化过程具有重要影响[244]。企业在日常的生产经营中响应外部环境的需求，向其提供相应的产

第 3 章
HEM 企业组织创新混沌演化的影响机制

品或服务，并从环境中获得信息、资源、合法地位等，以维持企业的生存和发展。动荡多变的环境对企业经营管理不断提出挑战，增强了企业组织创新演化的不稳定性和复杂性，会促使企业偏离现有创新演化轨道，采纳更加适应环境的组织创新。基于组织创新外部影响要素的相关研究综述，综合考虑 HEM 企业与环境的互动关系，本书重点分析政策规则、联盟网络对企业组织创新混沌演化的影响作用。

3.1.1.1 政策规则

政策规则监管着企业的经济行为和社会行为，会对企业进入的地域市场、追求的战略模式、采取的所有制结构等方面进行限制[245]。行业中通常会存在多重政策规则，在给定时间，属于不同议题和不同来源的政策规则会同时影响行业中的企业[246]。政策规则一旦被确立就很难变化，为了获得合法性和所需的资源，企业必须在战略、结构、制度和管理流程中实施相应的变革。在经济转型阶段，中国政府仍然掌控土地、补贴和税收优惠等大量社会资源与权力[247]。政府部门往往会因监管等行政职能干预而卷入企业的生产运营[248]。HEM 企业涉及国防军工、交通运输等关系国计民生的重要领域，以国有企业和国有控股企业为主，是国家和地方政府的重点扶持对象。HEM 企业与政府的天生"血缘关系"，不仅可以帮助 HEM 企业掌握行业发展动态，还可以为 HEM 企业带来各种稀缺资源[249]。但政府部门也会针对 HEM 企业出台一些特殊政策规则，从而引导和监管 HEM 企业的行为。它们通过多种渠道、多种方式直接或间接地影响 HEM 企业的组织创新行为[250]。政策规则对 HEM 企业发展的指导通常具有前瞻性，会对 HEM 企业现有组织模式产生巨大冲击，需要 HEM 企业大规模地采纳背离现有组织惯例的更为新颖的激进式组织创新，并推动组织创新转向新演化轨道。但政策规则变化对激进式组织创新的巨大压力使 HEM 企业很难控制组织创新演化状态，导致组织创新演化呈现混沌状态。基于如上分析提出下面的研究假设。

假设 3-1：政策规则变化与组织创新混沌演化存在正向相关关系。

3.1.1.2 联盟网络

高端装备产品具有技术复杂性和专用性的特征，它们通常集成了大量零部件，而这些零部件的研制需要长期的技术积累和强大的专业技术能力。基于一系列或多系列高端装备产品，HEM 企业会以核心企业为中心，将研制零部件、单机、子系统、分系统、整体装备的企业结成网络。大多数 HEM 企业，尤其是一些在新中国成立初期就成立的 HEM 企业都是为了研制高端装备产品配套而建设起来的。随着专用资源投入的不断增加和型号研制合作的不断深入，企业与合作伙伴通过持续的协调与沟通，熟悉彼此的业务流程、组织惯例等，并逐渐形成了紧密联系、相互依赖的联盟网络[251-252]。当联盟网络中企业节点之间的相互依赖程度较高时，它们之间的网络结构关系具有层级化特征[253-254]。为了保障高端装备产品研制进度和产品质量的稳定性，核心企业与节点企业之间通常存在直接或间接的行政隶属关系。这种强连接关系使联盟成员之间相互信任，加强了 HEM 企业为联盟伙伴承担风险的意愿，在一定程度上降低了市场不确定性带来的风险。技术密集和资本密集的 HEM 业具有很高的进入壁垒，潜在进入者较难进入市场。而 HEM 企业在联盟网络中的层级与企业的市场竞争能力密切相关。企业按照产品技术资源的稀缺性和与核心企业的联盟关系，在联盟网络中占据不同的层级，进而获得的资源、知识和受到的约束也各不相同。联盟网络中装备需求或企业在联盟网络中身份的变化都会强烈影响 HEM 企业的组织创新演化。为了满足新需求或产生新的生态位，HEM 企业需要配合技术创新活动的开展，探索偏离现有组织惯例的战略、结构、管理制度和流程。但联盟网络变化对激进式组织创新的巨大压力使 HEM 企业很难控制组织创新演化状态，导致组织创新进入混沌演化时段。基于如上分析提出下面的研究假设。

假设 3-2：联盟网络变化与组织创新混沌演化存在正向相关关系。

3.1.2 组织要素对组织创新混沌演化的影响作用

与环境要素相比,组织要素对企业组织创新混沌演化过程的影响更直接,也更容易控制和改变。大量理论和实证研究分析了组织结构变量、企业文化等要素对组织创新的影响[255-256],但缺乏组织要素对组织创新混沌演化影响的分析和验证。在对现有相关研究进行综述的基础上,考虑 HEM 企业特征与其组织创新属性,本书重点分析组织规模、创新文化和技术创新对企业组织创新混沌演化的影响作用。

3.1.2.1 组织规模

组织规模对企业组织结构、制度和管理流程等组织创新活动具有较大的影响作用,是企业组织创新研究中的一个重要环境变量[257]。虽然与技术创新相比,HEM 企业组织创新主要是对组织管理方式和方法的创新,对财务等资源的需求要小得多,但组织创新在企业中涉及的范围更广、影响更深。现有研究大多赞同组织规模会影响企业组织创新的采纳。但一些研究认为大型企业的创新性更强,因为它们的内部组织结构和内外关系都更为复杂,需要面对更多管理控制和协调的难题[258]。大型企业拥有更多的财务资源、更多的管理知识和经验、更专业和技能更高的管理人员等,也更能容忍出不成功创新导致的失败。而小型企业的创新范围比较有限,并且更重视短期绩效,当被迫在资源投向方面做决策时,它们通常会放弃组织创新,转而支持技术创新。而另一些研究则提出组织规模越大越会阻碍组织创新的采纳。小型企业更具有创新性,因为它们更灵活,适应能力和改进能力更强,推行激进式创新的阻力更小。同时,推行大规模激进式组织创新需要企业各子单元的紧密联系,这在小型企业中更容易达成[259]。而大型企业的管理制度更正式化,管理行为更标准化,组织结构更钢化,官僚主义也更严重,同时企业内部利益和权力关系也更为复杂,利益小团体会抵制激进式组织创新以维持其在资源和权力等方面的优势[260],导致企业内部的创新惰性更强。因而与小型 HEM 企业相比,大型 HEM 企业组织创新演化的混沌性更强。基于如上分析提出下面的研究假设。

假设 3-3：组织规模与组织创新混沌演化存在正向相关关系。

3.1.2.2 创新文化

企业文化设定了企业惯例和活动的基本框架，对成员组织创新想法和行为的影响有时甚至超过了正式的控制制度、程序和权威[261]。它是企业发展的灵魂，一旦形成，在一定时期内具有相对稳定性。HEM 企业组织创新的采纳需要企业文化的支持，但必须是具有异质性特征的创新文化。创新文化是以创新导向为核心的，拥有一个阐述清晰的、有价值的、可实现的共享前景，能够提高企业成员的自主权和积极性，并支持他们自由地偏离组织惯例，跳出固有思维模式，挑战企业现有的工作方式[262]。创新文化具有鼓励承担风险、激发多种创新思路、容忍不切实际的想法、容忍群体冲突、注重结果导向及管理自由度高等特征[263]。在拥有创新文化的 HEM 企业中，企业成员勇于挑战，愿意承担风险，所以他们会主动关注内外部环境要素的变化，为成功采纳激进式组织创新不断地学习和尝试，并不断积累创新知识和经验。创新文化也有利于企业营造出以挑战、冒险和创造为核心价值观的组织创新氛围。在这种创新氛围的影响下，企业成员的经验和学习会指导他们采纳适合企业发展的更新颖的战略、组织结构、管理制度和流程，并且也能较为容易地说服相关人员支持这些激进式组织创新的采纳。因此，创新文化会降低 HEM 企业组织创新演化的混沌性。基于如上分析提出下面的研究假设。

假设 3-4：创新文化与组织创新混沌演化存在负向相关关系。

3.1.2.3 技术创新

现有研究广泛认同企业的技术创新会对其组织创新产生影响。但有关组织创新影响要素的国外研究却很少考虑技术创新。而国内相关研究则重视技术创新对组织创新的影响作用，并一致认为技术创新是组织创新主要和相对自主的驱动力[264]。这说明技术创新是中国情境下企业组织创新的特有驱动力[265]。中国

HEM 企业的跨越式发展需要以高技术为引领，但企业技术创新能力薄弱，核心技术匮乏，其技术发展水平与世界先进企业仍存在较大差距。为扭转在国际竞争中的劣势地位，中国 HEM 企业纷纷通过技术创新寻求技术赶超。而技术创新的成功需要有与之相匹配的组织创新作为支持和保障。但很多中国 HEM 企业的管理模式仍然不成熟，组织创新对技术创新要求的满足相对滞后，这在很大程度上制约了技术创新的采纳。对于处于技术追赶阶段的中国 HEM 企业来说，技术创新不可避免地成为组织创新的重要影响要素。技术创新为组织创新提供动力和激励，而组织创新是技术创新的支持和保障。企业组织创新与技术创新相互影响、相互作用，保持这两类创新活动的协同，是促进企业内部的社会系统与技术系统联合优化，进而保障企业绩效提升的必要条件。技术创新会打破企业内部社会系统的平静，诱发相关组织创新。企业会针对技术创新的需求，对战略、制度、组织结构和管理流程等组织创新要素进行调整或重新设计，形成促进和强化技术创新采纳的组织基础和社会环境[266]。由于组织创新要素之间的内在联系，革命性技术创新对组织创新的驱动会像多米诺骨牌，进一步激发更大范围的组织创新[267]，企业很难控制组织创新演化状态。技术创新对偏离现有组织惯例的激进式组织创新的需求会推动 HEM 企业组织创新进入混沌演化时段。基于如上分析提出下面的研究假设。

假设 3-5：技术创新与组织创新混沌演化存在正向相关关系。

3.1.3 个体要素对组织创新混沌演化的影响作用

与技术创新相比，组织创新是自上而下的过程。个体要素，主要是高层管理者对组织创新的影响较大。处于战略顶峰地位的高层管理者通常在企业组织创新演化过程中起到关键性作用[268]。他们识别企业与环境之间的实际或者潜在的不一致，掌握企业主要资源，控制企业主要决策，并影响企业组织创新演化过程。当高层管理者的决策权力高度集中时，他们会成为组织创新的强大动力或巨大阻力。很多中国 HEM 企业都有官僚制特点，高层管理者在组织创新采纳上拥有较强的话语权。因此，本书重点分析高层管理者的年龄、任期、创新意愿和社会资本等个人特征和行为要素对 HEM 企业组织创新混沌演化的影响作用。

3.1.3.1 高层管理者的年龄

年轻的高层管理者通常会比年长的高层管理者采纳更多、更新颖的组织创新。因为他们的精力更加充沛，问题识别、解决方法搜寻和创新决策的能力也更强[269]。他们也更喜欢尝试新事物，更容易接受新颖的组织创新想法和行为，并更愿意承担创新的风险。同时，他们所拥有的管理知识更接近现今社会发展需求，对企业盛行的规范、惯例、准则等组织条件的心理承诺较低，更容易为了改变现状发起根本性变革。但随着高层管理者年龄的不断增长，他们的精力、对新知识的追求、对创新想法和行为的接受力、对创新风险的承受力等方面都会下降。因此，当面对内外部环境剧烈动荡时，年轻的高层管理者更倾向于打破组织陈规，依赖自身的充沛精力和更新颖的知识等，采纳适合企业的激进式组织创新；而年长的高层管理者则更倾向于维持现状，由于自身精力有限、缺乏相应的新知识与能力等，较难引入适合企业发展的组织创新。因此，随着高层管理者年龄的不断增长，HEM 企业组织创新演化的混沌性也随之不断增强。基于如上分析提出下面的研究假设。

假设 3-6：高层管理者的年龄与组织创新混沌演化存在正向相关关系。

3.1.3.2 高层管理者的任期

Huber 等[270]认为高层管理者对与其工作相关的信息很敏感，较长的任期会使他们对改变现状存在偏见。随着任期延长，高层管理者更愿意维持企业和所在职位已有的状态，支持更少的激进式组织创新。而新上任的高层管理者对于前任建立的战略、制度等没有承诺[271]。同时，他们的知识和经验可能使其对创新有效性有不同的理解，或比前任更胜任采纳组织创新。为应对内外部环境剧烈动荡，新上任的高层管理者愿意通过采纳大规模激进式组织创新，重构组织模式，战胜企业内部盛行的惰性力量,将企业成员从前期组织模式的束缚中解放出来。大规模激进式组织创新的采纳不仅需要高层管理者为企业成员提供变革能够提升企业收益的愿景,也需要他们选择合适的煽动变革的时机。而新上任的高层管理者通常在预期变革的氛围中开始工作,他们就任之后的时段为激进式组织创新的采纳提供了最好的机会。因此,高层管理者的任期越短,HEM企业组织创新演化的混沌性越弱。基于如上分析提出下面的研究假设。

假设3-7:高层管理者的任期与组织创新混沌演化存在正向相关关系。

3.1.3.3 高层管理者的创新意愿

创新意愿是为企业现有资源赋予新价值的创新意识与倾向,既包括高层管理者在创造经济价值过程中表现出的创新精神,又涵盖高层管理者在不确定环境中进行创新活动的冒险精神[272]。创新意愿在本质上表现为HEM企业高层管理者从事组织创新活动的内在意识与倾向。具有较强创新意愿的高层管理者会被偏离组织惯例的激进式组织创新吸引,并秉承克服一切困难的坚定信心,对这类组织创新进行执着追求[273]。他们会帮助企业成员构建自信感,支持新颖创新想法的提出,并合理配置资源实施这些想法。为成功采纳组织创新,他们会在不同利益团体之间构建联盟,帮助子单元之间和组织成员之间进行沟通协调和冲突解决[83]。因此,面对内外部环境要素的急剧变化,高层管理者较强的创新意愿降低了HEM企业组织创新演化的混沌性。基于如上分析提出下面的研究假设。

假设3-8:高层管理者的创新意愿与组织创新混沌演化存在负向相关关系。

3.1.3.4 高层管理者的社会资本

中国人处在"关系社会"之中,以"仁"和"礼"为核心的儒家文化对中国企业高层管理者的经济活动和社交活动具有深远影响[274]。与西方企业高层管理者相比,中国企业高层管理者更加重视和依赖"关系"。社会资本反映了企业高层管理者通过关系网络获取和运用资源的能力[275]。Peng等[276]通过实证研究提出了两种重要的高层管理者社会资本：政治关系和商业关系。政治关系是指企业高层管理者与政府官员之间的互动关系。HEM企业高层管理者与政府官员建立良好关系，能够帮助企业获得许多有价值的资源和机会。而商业关系是指企业高层管理者与其供应商、客户等企业管理者之间的互动关系。较强的商业关系有助于HEM企业提升其在市场竞争中的地位，并获取更多稀缺的、有价值的资源。丰富的高层管理者社会资本会成为企业获取资源的特权。而HEM企业的组织创新能力普遍较低，投入资源的边际收益大于边际成本[277]。较多的冗余资源会为HEM企业探索新颖战略、结构等的组织创新活动提供支持，因而降低了企业组织创新演化的混沌性。基于如上分析提出下面的研究假设。

假设3-9：高层管理者的社会资本与组织创新混沌演化存在负向相关关系。

本书根据环境、组织和个体要素这3个层次中单要素对HEM企业组织创新混沌演化的影响作用分析与研究假设提出，建立了多层次要素对企业组织创新混沌演化的影响作用模型，如图3-1所示。

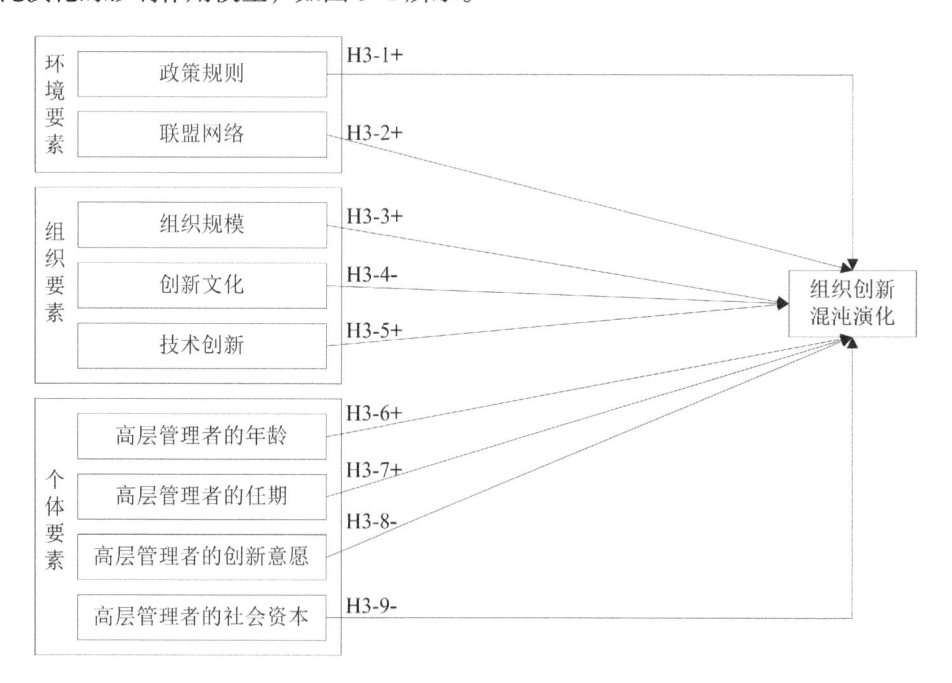

图3-1 多层次要素对HEM企业组织创新混沌演化的影响作用模型

3.2 多层次要素对组织创新混沌演化影响作用的研究设计

3.2.1 问卷设计与变量测度

本书设计的 HEM 企业组织创新演化情况调研问卷旨在明确 HEM 企业激进式组织创新状态，环境要素、组织要素和个体要素这 3 个层次影响要素的变化情况，以及 HEM 企业激进式组织创新效能情况。调研问卷共 4 个部分，包括企业的基本情况部分、企业创新环境问卷部分、企业激进式组织创新情况问卷部分和企业激进式组织创新效能问卷部分。

为了保证调研问卷中变量测度题项设计的合理性，本书首先通过查阅国内外相关研究，筛选出与本书研究变量相关的测度题项，并总结和提炼这些题项。其次，由于本章在分析 HEM 企业组织创新混沌演化的三层次影响要素时，综合考虑了 HEM 企业特征及其组织创新属性，重点关注中国企业特色创新影响要素对企业组织创新混沌演化的影响作用。因此，基于总结和提炼的国内外相关研究设计的变量测度题项，依据 HEM 企业特征及其组织创新属性，对这些题项进行调整和修改，尤其是中国企业特色创新影响要素的测度题项。最后，对就职于 HEM 企业并担任中高层管理职务的 6 位管理者进行访谈，反复推敲、修正并最终确定调研问卷中的测度题项。

本书对环境要素、组织要素和个体要素这 3 个层次影响要素，HEM 企业激进式组织创新情况及其创新效能等变量测度题项的设计情况如下。

1. 多层次影响要素的变量测度题项设计

在环境要素的变量测度方面，HEM 企业主观感知到的环境变化会影响其激进式组织创新的选择和行为。本书对政策规则（PR）的测度参考冯天丽和井润田[278]的测度量表,提出了测度政策规则的3个测度题项;根据HEM企业联盟网络的特征,从网络嵌入性的角度测度联盟网络(AN)状态,借鉴Uzzi[279]、李玲等[280]的题项设计,提出了测度联盟网络的3个测度题项。

在组织要素的变量测度方面,本书对创新文化(IC)的测度主要参照葛宝山等[281]开发的创新文化测度量表,重点考察创新文化的核心价值观,提出了4个测度题项;根据Jaskyte[271]、Camisón和Villar-López[282]对技术创新(TI)的测度量表设计,结合HEM企业技术创新实际情况,提出了测度HEM企业技术创新状态的5个测度题项。

在个体要素的变量测度方面,本书对高层管理者的创新意愿(TMIW)的测量参考Christian和Nikolaus[283]、蔡华等[284]开发的创新意愿量表,从高层管理者的创新精神和冒险精神两个方面提出了3个测度题项;对高层管理者的社会资本(TMSC)的测度要考虑中国情境和HEM企业特征及其组织创新属性,借鉴沈灏[275]、杨鹏鹏等[285]设计的测度量表,本书从政府关系和商业关系两个方面提出了6个测度题项。

2. 激进式组织创新情况的变量测度题项设计

根据2.2.1对HEM企业激进式组织创新概念的界定,激进式组织创新可以从战略创新、结构创新、管理流程创新和制度创新4个维度进行测度。借鉴有关组织创新情况测度的研究[286-288],本书设计了激进式组织创新情况的测度量表,以衡量HEM企业在2016—2018年,如何在具有探索性目的的组织创新活动中分配精力和资源。由于激进式组织创新(ROI)是对偏离HEM企业现有组织惯例的战略、结构、管理流程或制度的搜索、发现、实验等活动,本书设计了如"企业开拓了新的核心业务或产品""企业精减或新增部门"等12个测度题项。

3. 激进式组织创新效能的变量测度题项设计

激进式组织创新对HEM企业的影响更为广泛和深入,借鉴以往相关研究中的成熟指标题项[289-291],本书从经济效益(EB)、竞争实力与发展潜力(CS-DP)

两个方面，对HEM企业激进式组织创新效能（ROIV）进行测度，设计了包括"企业销售额和财务绩效提高了""企业装备产品的研制周期缩短了"等8个测度题项。HEM企业组织创新演化情况调研问卷的具体测度题项详见附录。

在本书中，除了组织规模、高层管理者的年龄和高层管理者的任期3个变量，其他影响HEM企业激进式组织创新混沌演化的要素、激进式组织创新情况及激进式组织创新效能等变量均采用Likert五点量表法（1～5分）进行测度，将每一个变量对应测度题项的结果加和后进行归一化，得到每个变量的测度值。

3.2.2 样本说明与问卷回收

由于大部分HEM企业都不能登录外部网络，因此本书调研问卷的发放没有采取电子邮件和网站的方式。本书的调研问卷主要通过以下方式发放：首先，基于课题组在基金项目研究中接触和了解的HEM企业，通过纸质邮件和直接送达的方式发放调研问卷，并通过邮寄和直接收回的方式回收调研问卷；其次，基于哈尔滨工业大学不同校区的区域分布，利用学校的在职教育资源，将调研问卷发放给隶属于HEM企业的EMBA、MBA和工程硕士学员并直接回收；最后，通过上述学员将调研问卷进一步转发给所在企业联盟网络中的其他企业，并通过学员转交或邮寄方式收回调研问卷。调研问卷调查了HEM企业在2016—2018年的激进式组织创新状态、激进式组织创新效能及影响激进式组织创新混沌演化的三层次要素的变化情况。本次对HEM企业组织创新演化情况的调研区域包括黑龙江、北京、辽宁、天津、吉林、四川、上海、山东、河北、浙江及广东等省市。调研问卷共发放467份，其填写对象限定为企业的中高层管理者；最终共回收调研问卷424份，其中有效调研问卷398份，调研问卷的有效回收率为93.9%。样本企业的行业分布情况如表3-1所示。

表 3-1 样本企业行业分布情况

企业所属行业	企业样本数（家）	比率（%）
航空装备	80	20
卫星及应用装备	102	26
轨道交通装备	69	17
海洋工程装备	55	14
智能制造装备	92	23
共计	398	100

3.2.3 问卷的信度与效度检验

本书应用 HEM 企业组织创新演化情况调研问卷采集到的数据，对调研问卷进行信度检验和效度检验。信度检验用于评价本次调研问卷是否具有良好的一致性和稳定性。当调研问卷是对相同属性的潜变量进行测度时，随着测度题项数量的增加，调研问卷的信度也会增加。也就是说，本书所研究的样本企业之间的组织创新混沌演化情况的同质性越高，调研问卷中设置的测度题项之间的相关性就越强，整个组织创新演化情况量表的一致性和稳定性就越好。本书在信度检验中应用 Cronbach 建构的内部一致性系数，即信度系数 $\alpha \in [0, 1]$。它能够对调研问卷题项之间的相互关联性进行验证，是估算量表内部一致性的指标。根据研究惯例，当 $\alpha \in [0.9, 1]$ 时，认为量表具有良好信度；当 $\alpha \in [0.7, 0.9)$ 时，认为量表的信度是可以接受；当 $\alpha \in [0, 0.7)$ 时，则认为量表中的一些题项需要被删除。

本书应用 SPSS 22.0 工具，利用调研问卷采集到的数据，对 HEM 企业组织创新演化情况调研问卷进行信度检验，得到激进式组织创新混沌演化创新环境部分、激进式组织创新部分及激进式组织创新效能部分的检验结果，如表 3-2 所示。在表 3-2 中，量表的 3 个部分和各变量的 Cronbach' α 值均大于 0.7，表明 HEM 企业组织创新演化情况调研问卷具有较高的一致性和稳定性。

第 3 章
HEM 企业组织创新混沌演化的影响机制

表 3-2 调研问卷信度检验结果

测量构面	测量题项数目	Cronbach' α 值
创新环境部分	24	0.856
环境要素	6	0.764
组织要素	9	0.832
个体要素	9	0.718
激进式组织创新部分	12	0.829
战略创新	3	0.808
结构创新	3	0.784
流程创新	3	0.735
制度创新	3	0.762
激进式组织创新效能部分	8	0.817
经济效益	4	0.773
竞争实力与发展潜力	4	0.752

调研问卷的效度是指 HEM 企业组织创新演化情况调研问卷的测度量表能够准确测量研究主题的程度。效度指标体现了调研问卷测度值与研究主题真实值之间的偏差，能够反映出调研问卷的准确性、有效性和正确性。调研问卷的效度包括内容效度和结构效度。在内容效度方面，本书在对国内外相关研究进行筛选和分析的基础上，借鉴以往研究中使用的成熟题项，并对 6 位 HEM 企业的中高层管理者进行了访谈，反复推敲、修正并最终确定调研问卷中的题项，因此保证了调研问卷具有较好的内容效度。

在结构效度方面，本书首先采用因子分析方法，运用 SPSS 22.0 工具，对 HEM 企业组织创新演化情况调研问卷中激进式组织创新部分量表的建构效度进行检验，得到 KMO 值为 0.775，初始特征值大于 1 的因子有 4 个，分别命名为 ST 因子、S 因子、P 因子、INS 因子，并且各个测度题项的因子载荷量均大于 0.6，如表 3-3 所示。调研问卷中激进式组织创新部分量表的效度检验结果表明这部分量表具有良好的结构效度。

表 3-3 激进式组织创新的探索性因子分析结果

题 项	ST 因子	S 因子	P 因子	INS 因子
st1	0.795	0.129	0.017	−0.157
st3	0.724	−0.026	−0.047	0.160
st2	0.678	0.045	−0.065	0.152
s2	−0.019	0.737	0.125	0.021
s1	0.102	0.711	0.031	0.239
s3	0.132	0.656	−0.026	0.239
ins1	0.016	−0.094	0.729	0.023
ins2	0.158	−0.148	0.699	0.252
ins3	−0.145	−0.110	0.643	−0.025
p3	−0.117	0.010	0.083	0.717
p1	0.058	0.104	−0.138	0.704
p2	−0.040	0.069	0.019	0.660

其次，本书采用验证性因子分析方法，运用 Amos 17.0 工具，进一步对 HEM 企业组织创新演化情况调研问卷中创新环境部分和激进式组织创新效能部分量表进行效度检验，检验结果如表 3-4 所示。在表 3-4 中，各测度题项的标准化因子载荷在 0.622 至 0.869 之间，均大于 0.6，并且在 0.001 水平上显著，同时模型的适配度指标 $\chi^2 / df = 1.571 < 2.00$，RMSEA = 0.052 < 0.08，CFI、GFI 和 NNFI 指数均大于 0.90，模型拟合良好，表明调研问卷中创新环境与激进式组织创新效能两个部分的量表均具有良好的结构效度。

表 3-4 影响要素与创新效能的验证性因子分析结果

作用路径	标准化因子载荷	显著性水平	作用路径	标准化因子载荷	显著性水平
pr1 ← PR	0.849	***	tmiw2 ← TMIW	0.808	***
pr2 ← PR	0.701	***	tmiw3 ← TMIW	0.657	***
pr3 ← PR	0.781	***	tmsc1 ← TMSC	0.625	0.023
an1 ← AN	0.785	0.015	tmsc2 ← TMSC	0.785	***

续表

作用路径	标准化因子载荷	显著性水平	作用路径	标准化因子载荷	显著性水平
an2 ← AN	0.820	***	tmsc3 ← TMSC	0.766	***
an3 ← AN	0.676	***	tmsc4 ← TMSC	0.809	***
ic1 ← IC	0.652	***	tmsc5 ← TMSC	0.693	***
ic2 ← IC	0.773	***	tmsc6 ← TMSC	0.619	***
ic3 ← IC	0.798	0.003	eb1 ← EB	0.694	***
ic4 ← IC	0.622	***	eb2 ← EB	0.652	***
ti1 ← TI	0.725	***	eb3 ← EB	0.707	0.017
ti2 ← TI	0.680	***	eb4 ← EB	0.660	***
ti3 ← TI	0.837	0.006	cs-dp1 ← CS-DP	0.648	***
ti4 ← TI	0.869	***	cs-dp2 ← CS-DP	0.623	***
ti5 ← TI	0.712	***	cs-dp3 ← CS-DP	0.747	0.005
tmiw1 ← TMIW	0.769	***	cs-dp4 ← CS-DP	0.811	***

注：1. 模型适配度：$\chi^2/df = 1.571 < 2.00$，RMSEA $= 0.052 < 0.08$，GFI $= 0.929 > 0.90$，GFI $= 0.91 > 0.90$，NNFI $= 0.946 > 0.90$。

2. *** 表示在 0.001 水平上显著。

根据前面得到的 HEM 企业组织创新演化情况调研问卷的信度检验和效度检验的结果，量表中测量题项对激进式组织创新、影响激进式组织创新混沌演化的环境、组织与个体三层次要素及激进式组织创新效能等变量均具有较强的解释性，整体测度量表具有良好的内在质量及建构效度。

3.2.4　组织创新混沌演化的定量测度

根据第 2 章揭示的 HEM 企业组织创新混沌演化机理，本书在提出 HEM 企业组织创新混沌演化的测度原则并对样本企业进行筛选的基础上，对 HEM 企业组织创新混沌演化进行了定量测度。

1. 组织创新混沌演化的测度原则

根据第 2 章的研究结果，当内外部环境要素变化需要 HEM 企业采纳激进式组织创新，但企业回避激进式组织创新，更倾向于采纳渐进式组织创新时，随着内外部环境压力不断增大，激进式组织创新由稳定均衡经倍周期分岔进入混沌演化时段。同时，由于激进式组织创新和渐进式组织创新之间的复杂竞争关系，渐进式组织创新也随之进行混沌演化。当激进式组织创新处于混沌演化时段时，企业整个组织创新系统的运动呈现混沌状态。所以降低 HEM 企业组织创新演化混沌性的关键是有效管控激进式组织创新演化的混沌性。因此，本书运用激进式组织创新混沌演化的定量测度值代表 HEM 企业组织创新演化的整体混沌性。

根据第 2 章的研究结果，在组织创新演化的收敛时段，虽然内外部环境的较大创新压力推动 HEM 企业激进式组织创新演化进入了混沌状态，但激进式组织创新规模较小，企业组织创新并没有转向更为适应内外部环境变化的组织创新演化轨道。而在组织创新演化的变革时段，HEM 企业通过推行大规模激进式组织创新，推动企业组织创新转向新的组织创新演化轨道。所以，有效控制变革时段中激进式组织创新演化的混沌性，是帮助 HEM 企业在复杂情境下，合理设置组织创新演化的初始条件，推动企业组织创新转向更为适应内外部环境变化的组织创新演化轨道的关键。因此，本书针对组织创新演化变革时段，对 HEM 企业激进式组织创新混沌演化进行测度。

根据第 2 章的研究结果，当 HEM 企业组织创新演化具备进入混沌的一般条件时，随着内外部环境压力的变化，企业组织创新演化的稳定均衡状态、周期性均衡状态和混沌状态并不是可以分离选择的创新演化状态，而是连续出现的。内外部环境压力越大，HEM 企业组织创新演化的混沌性就越强。因此，HEM 企业组织创新演化混沌性的测度值是连续集。HEM 企业组织创新演化混沌性的测度值越接近 0，HEM 企业组织创新越接近稳定均衡/周期性均衡演化状态，组织创新演化的混沌性越弱；而 HEM 企业组织创新演化混沌性的测度值越接近最大值，HEM 企业组织创新演化的混沌性越强。

根据第 2 章的研究结果，在 HEM 企业组织创新演化的变革时段，随着内外部环境变化对企业组织创新压力的不断增大，激进式组织创新演化进入混沌状态。面对较大的环境压力，HEM 企业主动以激烈的、结构扭曲的替代方式推行大规模的激进式组织创新，推动企业组织创新转向新的更适应内外部环境变化的组织创新演化轨道。虽然企业激进式组织创新演化进入混沌状态，但是企业能够在一定程度上合理设置组织创新演化的初始条件并协调各创新要素之间的关系，使企业组织创新最终演化状态与预期的差距相对较小并且激进式组织创新效能也相对较高，所以企业组织创新演化的混沌性较弱。而面对较大的环境压力，回避推行大规模激进式组织创新的 HEM 企业没能推动组织创新转向新的组织创新演化轨道以适应内外部环境的变化，从而导致内外部环境变化对企业推行激进式组织创新的压力持续累积。当这些企业不得不采纳大规模激进式组织创新时，巨大创新压力会推动企业激进式组织创新以很强的混沌性进行演化。这些 HEM 企业很难合理设置组织创新演化的初始条件并进一步干预和控制各创新要素的协调关系，导致企业组织创新演化初始条件的微小差别会最终演化成为巨大差距，并且激进式组织创新效能也较低。因此，本书在测度激进式组织创新与其创新效能之间的关系的基础上，进一步对 HEM 企业组织创新混沌演化进行定量测度。

2. 样本筛选

依据 HEM 企业组织创新混沌演化的测度原则，本书首先将样本企业按照其激进式组织创新状态测度值的大小进行排序，并选择激进式组织创新状态测度值排序在总样本中前三分之二的样本企业。其次，将留下的样本企业按照其激进式组织创新效能测度值的大小进行排序，并选择激进式组织创新效能测度值排序在留下样本中后二分之一的样本企业。至此筛选出了激进式组织创新程度较高但激进式组织创新效能较低的样本企业。将这些筛选后的样本企业作为本书研究多层次要素对 HEM 企业组织创新混沌演化影响作用的研究样本。筛选后样本企业的行业分布情况如表 3-5 所示。

表 3-5 筛选后样本企业的行业分布情况

企业所属行业	企业样本数（家）	比率（%）
航空装备	25	19
卫星及应用装备	23	17
轨道交通装备	27	20
海洋工程装备	19	15
智能制造装备	39	29
共计	133	100

3. 组织创新演化的混沌性测度

根据前文的分析，在本书所选的样本企业中，激进式组织创新与其创新效能之间的匹配度越低，企业组织创新演化的混沌性越强；激进式组织创新与其创新效能之间的匹配度越高，企业组织创新演化的混沌性越弱。本书利用所选择的样本企业的数据计算得到每一个样本企业的激进式组织创新测度值（ROI_i）及其创新效能测度值（$ROIV_i$），并借鉴耦合度测度模型，得到测度 HEM 企业激进式组织创新与其创新效能之间匹配度的公式为：

$$OIS_i = \frac{\sqrt{ROI_i \times ROIV_i}}{(ROI_i + ROIV_i)/2} \qquad (3-1)$$

其中，$i=1,2,\cdots,133$。由于本书采用 Likert 五点量表法（1～5分）对 HEM 企业激进式组织创新及其创新效能进行测度，通过对两个变量对应测度题项的结果加和后进行归一化，得到了两个变量的测度值。因而 $ROI_i \in [0.2, 1]$，$ROIV_i \in [0.2, 1]$，则 HEM 企业激进式组织创新及其创新效能的匹配度 $OIS_i \in [0.745, 1]$。

根据 ROI_i 和 $ROIV_i$ 之间的关系与其取值特点，令 $OIS'_i = \dfrac{OIS_i - 0.745}{0.255}$，对 OIS_i

的取值进行校准，使校准后的$OIS'_i \in [0,1]$。OIS'_i的值越大，激进式组织创新与其创新效能之间的匹配度越高，HEM企业组织创新演化的混沌性越弱；OIS'_i的值越小，激进式组织创新与其创新效能之间的匹配度越低，HEM企业组织创新演化的混沌性越强。

本书利用OIS'_i值进一步计算得到HEM企业组织创新混沌演化的定量测度值为：

$$OICD_i = 1 - OIS'_i \qquad (3-2)$$

其中，$OICD_i \in [0,1]$，$i = 1,2,\cdots,133$。$OICD_i$越接近1，企业组织创新演化的混沌性越强；而$OICD_i$越接近0，则企业组织创新演化的混沌性越弱。

本书运用Excel 2016工具计算得到每个样本企业组织创新演化混沌性的测度值($OICD_i$)，为验证多层次要素对HEM企业组织创新混沌演化的影响作用模型奠定了数据基础。

3.3 多层次要素对组织创新混沌演化影响作用的验证

在检验多层次要素对HEM企业组织创新混沌演化影响作用的假设之前，需要先对环境变量、组织变量、个体变量及企业组织创新演化混沌性变量进行描述性统计和相关分析。本书运用SPSS 22.0工具对所有变量进行描述性统计和相关分析，得到各变量的均值、标准差和Pearson相关系数矩阵，如表3-6所示。根据表3-6中的Pearson相关系数矩阵，得到环境变量、组织变量、个体变量与企业组织创新演化混沌性变量之间均存在不同程度的显著相关关系，可以对理论假设进行检验。

表 3-6 描述性统计和相关分析结果

变量	平均值	标准差	1	2	3	4	5	6	7	8	9	10
1.PR	0.849	0.096	1									
2.AN	0.853	0.107	0.459*	1								
3.OS	0.682	0.108	0.463*	0.407**	1							
4.IC	0.646	0.183	0.426*	0.460*	0.467*	1						
5.TI	0.808	0.084	0.575**	0.633**	0.507*	0.517*	1					
6.TMA	0.823	0.047	−0.165	−0.212	0.213*	−0.330	−0.174	1				
7.TMT	0.783	0.059	−0.357	−0.286	0.346*	−0.357	−0.540*	0.569*	1			
8.TMIW	0.659	0.119	0.547*	0.506*	0.458*	0.690**	0.695*	−0.319	−0.520	1		
9.TMSC	0.670	0.079	0.491*	0.505*	0.487*	0.420*	0.525*	0.321*	0.394*	0.438*	1	
10.OICD	0.704	0.103	0.689*	0.662*	0.635*	−0.666*	0.705**	0.385*	0.408*	−0.729*	−0.634*	1

注：1. * 表示在 0.05 水平上显著相关；2. ** 表示在 0.01 水平上显著相关。

阶层回归分析法是以"逐步依序"的方式进行回归分析的方法。当解释变量之间可能具有特定的先后关系或层次关系时，需要运用阶层回归分析法，按照特定顺序逐步引入解释变量进行分析。在本书中，影响 HEM 企业组织创新混沌演化的要素分为环境要素、组织要素和个体要素这 3 个层次，因此本书将解释变量划分为 3 个阶段，并以强迫进入法进行回归分析。运用 SPSS 22.0 工具将环境变量、组织变量及个体变量逐步引入回归模型，得到阶层回归分析结果，如表 3-7 所示。本书运用方差膨胀因子（VIF）检验多重共线性的影响，3 个模型中所有变量的 VIF 值都在 1.099 至 2.712 之间，均低于阈值 10，表明不存在多重共线性。

表 3-7 阶层回归分析结果

变 量	模型 1	模型 2	模型 3
PR	0.227*	0.179*	0.167*
AN	0.193**	0.162*	0.154*
OS		0.107*	0.098*
IC		−0.129*	−0.121*
TI		0.196*	0.181*
TMA			0.026
TMT			0.032
TMIW			−0.223*
TMSC			−0.086*
调整后 R^2	0.173*	0.305**	0.412*
F	20.727**	22.921*	27.775*

在表 3-7 中，模型 1 仅包含了政策规则、联盟网络两个环境变量，它们的回归系数和调整后 R^2 都是统计显著的，表明环境要素层次两个要素均对 HEM 企业组织创新混沌演化影响具有直接影响作用。模型 2 进一步引入了组织规模、创新文化和技术创新 3 个组织变量，这 3 个组织变量及政策规则和联盟网络两个环境变量的回归系数和调整后 R^2 均是统计显著的，表明环境要素层次和组织要素

层次要素均对 HEM 企业组织创新混沌演化具有直接影响作用。同时，调整后 R^2 的数值明显增大，表明区组的增量具有统计意义，即组织变量的进入显著增强了模型的解释能力。高层管理者的年龄、任期、创新意愿和社会资本 4 个个体变量被最后引入模型 3。除了高层管理者的年龄和任期两个个体变量，其他两个个体变量即高层管理者的创新意愿和社会资本，以及政策规则、联盟网络两个环境变量，组织规模、创新文化、技术创新 3 个组织变量的回归系数和调整后 R^2 均是统计显著的，并且调整后 R^2 的数值变化较大，表明环境要素、组织要素和个体要素这 3 个层次要素均对 HEM 企业组织创新混沌演化具有直接影响作用，并且引入个体变量进一步增强了模型的解释能力。

对于环境要素，在表 3-7 的模型 3 中，政策规则、联盟网络两个环境变量对 HEM 企业组织创新混沌演化的回归系数均为正数且显著，表明两个环境要素均与 HEM 企业组织创新混沌演化存在正向相关关系。支持假设 3-1：政策规则变化与组织创新混沌演化存在正向相关关系；支持假设 3-2：联盟网络变化与组织创新混沌演化存在正向相关关系。

对于组织要素，在表 3-7 的模型 3 中，组织规模对 HEM 企业组织创新混沌演化的回归系数为正数且显著，支持假设 3-3：组织规模与组织创新混沌演化存在正向相关关系；创新文化对 HEM 企业组织创新混沌演化的回归系数为负数且显著，支持假设 3-4：创新文化与组织创新混沌演化存在负向相关关系；技术创新对 HEM 企业组织创新混沌演化的回归系数为正数且显著，支持假设 3-5：技术创新与组织创新混沌演化存在正向相关关系。

对于个体要素，在表 3-7 的模型 3 中，高层管理者的年龄和任期对 HEM 企业组织创新混沌演化的回归系数均为正数但不显著，不支持假设 3-6：高层管理者的年龄与组织创新混沌演化存在正向相关关系，不支持假设 3-7：高层管理者的任期与组织创新混沌演化存在正向相关关系；而高层管理者的创新意愿和社会资本对 HEM 企业组织创新混沌演化的回归系数均为负数且显著,支持假设 3-8：高层管理者的创新意愿与组织创新混沌演化存在负向相关关系,支持假设 3-9：高层管理者的社会资本与组织创新混沌演化存在负向相关关系。多层次要素对 HEM 企业组织创新混沌演化影响作用的理论假设验证结果如表 3-8 所示。

表 3-8 理论假设验证结果

影响要素层次	理论假设	验证结果
环境要素层次	假设 3-1	得到验证
	假设 3-2	得到验证
组织要素层次	假设 3-3	得到验证
	假设 3-4	得到验证
	假设 3-5	得到验证
个体要素层次	假设 3-6	未得到验证
	假设 3-7	未得到验证
	假设 3-8	得到验证
	假设 3-9	得到验证

3.4 多层次要素对组织创新混沌演化影响作用的验证结果分析

基于多层次要素对 HEM 企业组织创新混沌演化影响作用模型的验证结果,结合 HEM 企业组织创新管理实践,本书将进一步深入分析环境、组织和个体要素这 3 个要素层次中单要素对 HEM 企业组织创新混沌演化的影响作用。

3.4.1 环境要素影响作用的验证结果分析

由于 HEM 企业对科技进步、经济发展和国防安全等方面具有重要影响,国家和地方政府会出台有针对性的政策规则指导和支持 HEM 企业的发展。《中国制造 2025》等一系列政策规则的出台，引发了 HEM 企业在产品重点发展领域、质量和品牌管理、所有制结构等方面的激进式组织创新。政策规则变化对 HEM 企业现有组织模式产生了巨大冲击，需要 HEM 企业推行战略重新定位、组织结构重构等方面的大规模激进式组织创新，并且由于 HEM 企业很难控制组织创新演化状态，因此企业组织创新会进入混沌演化时段。在表 3-7 的模型 3 中，政策规则对企业组织创新混沌演化的回归系数高于联盟网络。因为政策规则是对 HEM 企业发展的前瞻性指导，对企业现有组织模式的冲击更强，所以与联盟网络变化相比，政策规则变化对企业组织创新混沌演化的影响更强。

2016—2018 年，HEM 企业的联盟网络发生了巨大变化。国外竞争者转战国内市场、国内新进入行业的企业不断增加、HEM 企业凭借不断推进的"一带一路"倡仪的便利进入国际竞争市场，都使 HEM 企业所在联盟网络中的产品需求结构发生了重大变化。联盟网络中企业高端装备产品需求量不断上升，而中低端装备产品需求量呈现出较大幅度下降。产品需求结构的巨变不但迫使 HEM 企业推行技术创新以产生新的产品/工艺，也迫使 HEM 企业开展偏离现有惯例的激进式组织创新活动，包括重新定位战略方向、调整组织结构等，但 HEM 企业很难控制组织创新演化状态，导致联盟网络变化推动 HEM 企业组织创新进入混沌演化时段。

3.4.2　组织要素影响作用的验证结果分析

高端装备产品尤其是大型高端装备产品是由众多零部件形成单机、子系统、分系统，并最终构成整体的装备。在基于一系列或多系列高端装备产品形成的紧密联系、相互依赖的联盟网络中，大型 HEM 企业通常占据中心地位，担负统筹、协调和监控联盟网络中其他企业装备研制进度和质量等工作的责任，它们也是政府部门的重点监管对象。与小型 HEM 企业相比，大型 HEM 企业存在内外部关系更为复杂、内部管理更僵化、官僚主义更严重等问题，导致企业推行大规模激进式组织创新的组织惰性更强。因此，HEM 企业的组织规模越大，企业组织创新演化的混沌性越强。

创新文化是无形的思想和意识，对 HEM 企业组织创新演化的影响是长期的、潜移默化的。尽管大多数 HEM 企业都将创新精神引入企业文化，但根据表 3-6 所示的描述性统计和相关分析结果，企业创新文化的均值较小，表明组织创新处于混沌演化时段的 HEM 企业对创新文化的建设程度较低。这些企业缺乏对创新文化精神核心的清晰阐述及共享愿景的提出，导致创新文化对企业成员组织创新思想和行为的影响有限。因此，创新文化的缺失增强了 HEM 企业组织创新演化的混沌性。

为应对外部环境要素的变化，HEM 企业需要采纳更多的技术创新，以向联盟网络提供更多更先进的高端装备产品。而技术创新的成功需要组织创新的支持与协调，HEM 企业需要以技术创新为中心，推行与其匹配的组织创新。产生新产品/工艺等技术创新对 HEM 企业组织模式提出了更高的要求，需要企业推行偏离现有组织惯例的组织结构重构、管理流程再造等激进式组织创新，但企业很难控制组织创新演化状态，导致组织创新进入混沌演化时段。在表 3-7 的模型 3 中，不考虑要素对 HEM 企业组织创新混沌演化的影响方向，技术创新对组织创新混沌演化的影响程度不但高于其他两个组织要素，也高于环境要素层次中的政策规则和联盟网络。因为 HEM 企业具有技术密集性的特征，其装备产品对技术的依赖程度远远超过其他装备制造企业，所以与组织规模和创新文化相比，技术创新对企业组织创新混沌演化的影响更强。同时，组织要素比环境要素对 HEM 企业组织创新混沌演化过程的影响更直接。所以与政策规则和联盟网络相比，技术创新对企业组织创新混沌演化的影响更强。

3.4.3 个体要素影响作用的验证结果分析

在表 3-8 中，高层管理者的年龄与 HEM 企业组织创新混沌演化存在的正向相关关系并未得到验证。Huber 和 Glick[292]、Damanpour 和 Schneider[293]、刘礼花和郑山水[294]在他们的研究中也提出高层管理者的年龄对创新的影响并不显著，这与本书的研究结果一致。在 HEM 企业中，高层管理者的年龄对企业组织创新混沌演化并没有显著影响作用，可能是因为企业高层管理者普遍较年长。根据表 3-6 所示的描述性统计和相关分析结果，企业高层管理者年龄的均值较高，表明 HEM 企业通常倾向于任命工作时间较长、具有较丰富工作经验的、年龄较长的成员为高层管理者。

在表 3-8 中，高层管理者的任期与 HEM 企业组织创新混沌演化存在的正向相关关系并未得到验证。Kimberly 和 Evanisko[23]、Young 等[295]在他们的研究中也提出高层管理者的任期对创新的影响并不显著，这与本书的研究结果一致。在 HEM 企业中，高层管理者的任期对企业组织创新演化混沌性的影响作用不显著，可能是因为企业高层管理者在任时间均较长。根据表 3-6 所示的描述性统计和相关分析结果，企业高层管理者任期的均值较高。HEM 企业大多为国有企业或国有控股企业，这两种性质企业的高层管理者任期都相对较长。保证高端装备产品研发和制造的连续性、保障高端装备产品的高质量和高可靠性，是 HEM 企业高层管理者的流动性较低的重要原因。

在表 3-7 的模型 3 中，不考虑要素对 HEM 企业组织创新混沌演化的影响方向，高层管理者的创新意愿对组织创新混沌演化的影响程度不但高于高层管理者的社会资本，也高于其他环境要素和组织要素。因为在 HEM 企业中，高层管理者在企业整体运营和决策过程中拥有高度的权威，他们对组织创新的积极态度会促进偏离现有组织创新演化轨道的适应性变异的产生和推行，而他们对激进式组织创新的消极或抵制态度会成为企业采纳激进式组织创新的巨大阻力。因此，与其他环境、组织和个体层次的影响要素相比,高层管理者的创新意愿对 HEM 企业组织创新混沌演化的影响作用最强。根据表 3-6 所示的描述性统计和相关分析结果,企业高层管理者创新意愿的均值较低,表明高层管理者的弱创新意愿增强了 HEM 企业组织创新演化的混沌性。

在中国 HEM 企业中,"关系"深刻影响着企业高层管理者的经济行为和社会活动。政策规则的持续调整及联盟网络格局的变化,使企业高层管理者试图通过与政府官员及联盟网络中关联企业的管理人员建立良好的互动关系,为企业寻得更多的资源和发展机会。但 HEM 企业高层管理者现有的关系网络较难帮助企业筹集到大规模推行激进式组织创新的资源。根据表 3-6 所示的描述性统计和相关分析结果,企业高层管理者社会资本的均值较低,表明企业高层管理者相对贫乏的社会资本使企业组织创新缺乏资源支持,因而增强了 HEM 企业组织创新演化的混沌性。

根据前文的分析,虽然环境要素和组织要素对 HEM 企业组织创新混沌演化的影响强度、影响方向存在差别,但是均为显著影响。而在个体要素中,高层管理者的年龄和任期对 HEM 企业组织创新混沌演化的影响均不显著,但高层管理者的创新意愿和社会资本与 HEM 企业组织创新混沌演化均存在负向相关关系。在环境要素中,与联盟网络相比,政策规则对 HEM 企业组织创新混沌演化的影响更强;在组织要素中,不考虑要素的影响方向,技术创新对 HEM 企业组织创新混沌演化的影响强度最高,并且技术创新对企业组织创新混沌演化的影响也强于环境要素层次中的两个要素;在个体要素中,除了未被验证具有显著影响的高层管理者的年龄和任期两个要素,高层管理者的创新意愿对 HEM 企业组织创新混沌演化的负向影响要强于高层管理者的社会资本。同时不考虑要素的影响方向,高层管理者的创新意愿对 HEM 企业组织创新混沌演化的影响强度也强于环境和组织层次中的要素。

3.5 本章小结

  本章基于中国情境，综合考虑 HEM 企业特征及其组织创新属性，分析了环境要素、组织要素和个体要素这 3 个层次中单要素对企业组织创新混沌演化的影响作用，并提出了多层次要素对 HEM 企业组织创新混沌演化的影响作用模型。通过研究设计，在对调研问卷进行信度和效度检验后，依据组织创新混沌演化的测度原则筛选了样本企业，并借鉴耦合度测度模型，定量测度了 HEM 企业组织创新演化的混沌性。利用筛选后的样本企业数据，应用阶层回归分析法，验证了多层次要素对 HEM 企业组织创新混沌演化的影响作用，并对验证结果进行了深入分析和讨论，为第 4 章研究多层次要素构型对 HEM 企业组织创新混沌演化的驱动作用奠定了基础。

第4章
HEM 企业组织创新混沌演化的驱动机制

影响 HEM 企业组织创新混沌演化的要素具有多层次属性，HEM 企业组织创新混沌演化通常不是依赖一个要素的影响，而是多层次中多个要素共同作用的结果。研究跨层次多影响要素与组织创新混沌演化之间复杂的因果关系是解释 HEM 企业在复杂情境中做出组织创新选择的重要方式。但已有研究主要集中于识别和验证影响企业组织创新的单一或多个要素并分析其影响机制等，缺乏多层次要素相互影响、相互作用形成的要素构型对企业组织创新混沌演化驱动机制的研究。基于第 3 章对环境要素、组织要素和个体要素这 3 个层次中单要素对 HEM 企业组织创新混沌演化直接影响作用的研究结果，针对 HEM 企业组织创新演化变革时段中的激进式组织创新混沌演化，本章将进一步研究多层次要素构型对 HEM 企业组织创新混沌演化的驱动作用。

4.1　要素构型对组织创新混沌演化驱动作用的理论框架

有效控制组织创新演化的混沌性依赖于 HEM 企业对其可控制的变量和那些不受其控制的变量之间复杂因果关系的理解。外部环境中的政策规则和联盟网络，企业自身的组织规模、创新文化和技术创新，以及高层管理者的创新意愿和社会资本等 7 个影响要素之间相互影响、相互作用，它们对 HEM 企业组织创新混沌演化的影响具有互补、积累、替代和抑制效应，并共同驱动 HEM 企业组织创新混沌演化过程。

为了理解多层次要素与 HEM 企业组织创新混沌演化的复杂因果关系，基于核心—外围理论[296]，本书提出影响 HEM 企业组织创新混沌演化的环境、组织与个体三层次要素可以被划分为核心要素和外围要素两类。其中，核心要素是指与 HEM 企业组织创新混沌演化具有强烈因果关系的影响要素；相应地，外围要素是指与 HEM 企业组织创新混沌演化的因果关系较弱的影响要素。核心要素的关联性较强，它们会被一系列强化其核心特征的外围要素包围，并与这些当前或未来影响 HEM 企业组织创新混沌演化的外围要素相互联系、相互作用，共同形成驱动 HEM 企业组织创新混沌演化的多层次要素组合——构型。

核心—外围理论强调一个结果的产生可能存在几种原因条件组合（构型），即存在引发相同结果的等效构型[297]。影响 HEM 企业组织创新混沌演化的外围要素围绕着不同的核心要素可能会形成不止一种多层次要素构型[298]。而这些构型可能对驱动 HEM 企业组织创新混沌演化同样有效，是影响 HEM 企业组织创新混沌演化的等效构型[299]。对因果相关性的理解通常为因果对称。然而，因果核心—外围理论隐含了对因果不对称的因果关系的思考，即导致结果出现的构型可能通常与导致结果不出现的构型不同[300]。例如，一个特定多层次要素构型的存在可能驱动 HEM 企业组织创新进入混沌演化时段，但 HEM 企业组织创新处于稳定均衡或周期性均衡演化时段，则可能不仅仅是因为这个多层次要素构型的缺失，而是因为一个完全不同的多层次要素构型的存在降低了创新演化的混沌性。多层次要素对 HEM 企业组织创新混沌演化的驱动作用不是线性作用关系，而是构型思维和非线性作用关系。多层次要素构型对 HEM 企业组织创新混沌演化驱动作用的理论框架如图 4-1 所示。

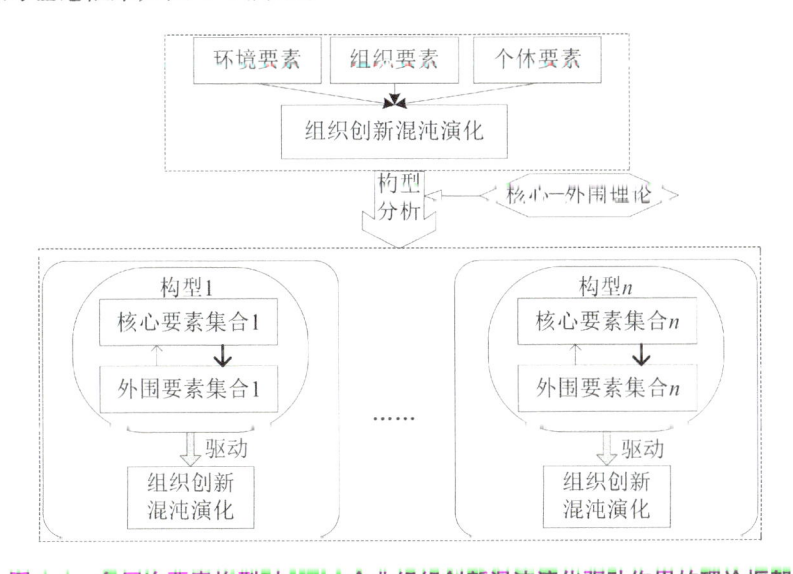

图 4-1 多层次要素构型对 HEM 企业组织创新混沌演化驱动作用的理论框架

4.2 要素构型对组织创新混沌演化驱动作用的研究设计

在影响 HEM 企业组织创新混沌演化的环境、组织与个体三层次要素中，外围要素围绕着不同的核心要素会形成不同的多层次要素构型，而这些构型可能具有殊途同归的效果。依据第 3 章的研究结果，本书运用模糊集定性比较分析法，设置条件变量和结果变量，探究多层次要素构型对 HEM 企业组织创新混沌演化的驱动作用。

4.2.1 研究方法与分析步骤

定性比较分析（Qualitative Comparative Analysis，QCA）法是由美国社会科学家 Charles C. Ragin 于 20 世纪 80 年代首次在其著作《比较方法：超越定性和定量策略》中提出的。他在其 2008 年出版的著作《重新设计社会研究：模糊集及其超越》中进一步改进了这种分析方法，并提出了模糊集定性比较分析（fuzzy-set Qualitative Comparative Analysis，fsQCA）法。但直到 2007 年，Fiss 应用 QCA 法研究不同组织特征构型对企业高绩效影响的论文发表后，QCA 法在组织管理等研究领域才开始得到认可。随着 QCA 法及其数据分析软件的成熟和完善，越来越多的经济管理学者将这种研究方法引入自己的研究。

QCA 法与考察影响要素净效应的结构方程模型等定量分析方法不同，它认为影响结果的各个要素会构成不同的要素组合——构型，而结果的发生是构型中各要素综合作用的结果[301]。这些构型的因果关系具有多重并发性和非对称性的特点[302]。虽然回归分析方法可以应用要素交叉项分析条件变量对结果变量的综合影响效应，但它仅能考虑个别条件变量的交叉影响，无法将所有条件变量的交叉影响全部引入模型[303]。为找到不同的构型并揭示它们与被解释变量之间复杂的因果关系，

第 4 章
HEM 企业组织创新混沌演化的驱动机制

QCA 法将定性分析和定量分析相结合，基于中小样本案例，运用集合理论思想和布尔代数技术，将前因条件和结果转化为集合，并通过集合运算和分析对构型进行精简，发掘出实现结果的多种构型，并区分影响结果的核心要素与外围要素。

QCA 法以核心—外围理论分析条件变量与结果变量之间的复杂因果关系，认为存在实现相同结果的多种不同的构型，即条条大路通罗马。而聚类分析、因子分析等定量研究方法虽然可以检验组态关系，但是这些方法不能有效区分条件变量之间的核心—外围关系、组态等效性及因果非对称性。而 QCA 法基于集合理论，关注条件变量与结果变量之间的非对称因果关系，突破了基于相关系数的定量研究方法在因果对称性方面的思维局限。

QCA 法主要分为 3 种，即清晰集定性比较分析 (crisp-set Qualitative Comparative Analysis, csQCA) 法、多值集定性比较分析 (multi-value Qualitative Comparative Analysis, mvQCA) 法与 fsQCA 法。其中，csQCA 法中的变量取值为 0 或 1。但这样的二分法过于绝对，与很多管理科学中变量为连续型的要求不符。与 csQCA 法相比，mvQCA 法可以使用多个阈值。而为解决"部分隶属"的问题，fsQCA 法将模糊集理论引入 csQCA 法，通过数据校准，将变量的取值转化为 0 至 1 之间的连续值。因此，fsQCA 法更具一般性，它的适用范围也更广。

根据前文的分析，本书采用 fsQCA 法研究多层次要素构型对 HEM 企业组织创新混沌演化的驱动作用，主要基于 4 个原因。第一，fsQCA 法认为因果关系是复杂的，即条件变量并不能独自作用于结果变量，而是以组合（构型）方式共同影响结果变量。而回归分析方法虽然可以应用要素交叉项分析条件变量对结果变量的综合影响，但仅能考虑个别条件变量的交叉影响，无法将所有条件变量的交叉影响全部引入模型。因此，fsQCA 法更适用于研究多层次要素对 HEM 企业组织创新混沌演化的综合影响作用。第二，fsQCA 法认为实现结果的构型可以有多种，并关注条件变量与结果变量之间的非对称因果关系，而聚类分析、因子分析等方法虽然可以检验组态关系，但是无法有效识别条件变量之间的核心—外围关系、组态等效性和因果非对称性。因此，fsQCA 法更适用于研究 HEM 企业组织创新混沌演化的驱动机制,并且其研究结果也更符合在复杂情境下运营的 HEM 企业组织创新管理实践,对改进 HEM 企业组织创新管理水平也更具有指导意义。第三,fsQCA 法不要求对跨层条件变量进行处理,适用于本书所涉及环境、组织与个体三层次要素对 HEM 企业组织创新混沌演化综合影响作用的研究。第四,因为本书的条件变量和结果变量均为连续变量,所以 fsQCA 法优于其他两类 QCA 法。

本书采用 fsQCA 法,研究多层次要素构型对 HEM 企业组织创新混沌演化的驱动作用,主要分为 4 个步骤。第一步,根据第 3 章的多层次要素对 HEM 企业组织创新混沌演化影响作用的研究结果,确定结果变量和条件变量,以及样本企业在结果变量和 7 个条件变量上的取值情况。在对样本企业各个变量的取值进行校准后,确定其模糊值。第二步,运用 fsQCA 3.0 工具对样本企业各变量的模糊值进行分析。通过对影响 HEM 企业组织创新混沌演化的多层次要素进行单因素必要性分析、条件变量组合分析及核心和外围要素构型分析,得到影响企业组织创新混沌演化的必要条件、多层次要素构型以及各模型的一致性和覆盖度。其中,一致性用于判断多层次要素构型是否构成了结果变量的充分条件,而覆盖度则用于判断多层次要素构型对结果变量的解释能力。第三步,运用调整一致性阈值的方法,对驱动 HEM 企业组织创新混沌演化的多层次要素构型的分析结果进行稳健性检验。第四步,根据 fsQCA 法的分析结果,结合 HEM 企业组织创新管理实践,深入分析驱动 HEM 企业组织创新混沌演化的必要条件和多层次要素构型。

4.2.2　变量设计与数据校准

随着条件变量的增加,对应构型的数量也会呈指数级数(2^n)增加。在样本企业有限的情况下,过多的条件变量意味着有较多构型,可能缺乏对应的样本企业。因而构型研究一般将条件变量的数量控制为 3~8 个[304]。根据第 3 章的研究结果,影响 HEM 企业组织创新混沌演化的三层次要素共 7 个,因此适合运用 fsQCA 法研究 HEM 企业组织创新混沌演化的驱动机制。

1. 变量设计

在本书中，结果变量为 HEM 企业组织创新混沌演化（OICD），而条件变量为影响 HEM 企业组织创新混沌演化的三层次要素，包括环境要素层次的政策规则（PR）和联盟网络（AN），组织要素层次的组织规模（OS）、创新文化（IC）和技术创新（TI），以及个体要素层次的高层管理者的创新意愿（TMIW）和高层管理者的社会资本（TMSC）等 7 个变量。

2. 数据校准

结果变量（OICD）和 7 个条件变量的数据来源等具体情况见本书 3.2。由 3.2.4 中对 HEM 企业组织创新混沌演化的定量测度可知，OICD 的取值已经符合 fsQCA 法的布尔逻辑，因此只需要对 PR、AN、OS、IC、TI、TMIW 和 TMSC 等 7 个条件变量的测度值进行校准。根据 3.2.1 中对多层次影响要素的变量测度，OS 是以 1～5 的等级进行等距测度的，并将归一化的结果作为变量测度值；而 PR、AN、IC、TI、TMIW 和 TMSC 均采用 Likert 五点量表法（1～5 分）进行测度，并将每一个变量对应的多个题项的测度值加和后进行归一化，得到每个变量的测度值。因此，处理后的 7 个条件变量的测度值均在 [0.2，1] 内。而数据校准是根据相关标准调整 7 个条件变量的测度值，使校准后的条件变量测度值能够满足 fsQCA 法的布尔逻辑[305]。在使用模糊集对 7 个条件变量的测度值进行校准前，需要预先设定 3 个定性的锚点，分别对应为完全不隶属、交叉点与完全隶属。根据本书条件变量的取值特点，将 7 个条件变量的锚点均设置为 0.2、0.6 和 1，并利用 fsQCA 3.0 工具得到校准后的各样本企业的 7 个条件变量的模糊值均在 [0，1] 内。

4.3 要素构型对组织创新混沌演化驱动作用的验证

影响 HEM 企业组织创新混沌演化的 3 个层次要素相互影响、相互作用，围绕不同的核心要素会形成多种驱动 HEM 企业组织创新混沌演化的多层次要素构型。本节将通过单要素必要性分析、条件变量组合分析、核心和外围要素构型分析及要素构型的稳健性检验，找出驱动HEM企业组织创新混沌演化的必要条件和多层次要素构型。

4.3.1 单要素必要性分析

在因果关系分析中，必要条件是指导致结果变量产生必须存在的条件变量，但当必要条件变量单独存在时，并不一定会导致结果变量的产生。在运用fsQCA法对结果变量的条件变量构型进行分析前，需要对单一条件变量进行必要性分析。本书利用前面得到的每一个样本企业的各个变量校准后的模糊值，应用fsQCA 3.0工具，对影响HEM企业组织创新混沌演化的多层次要素进行单要素必要一致性检验，以判断单个影响要素与结果变量（企业组织创新混沌演化）的必要性关系，检验结果如表4–1所示。

表4–1 单要素必要一致性检验结果

条件变量	必要一致性	条件变量	必要一致性
PR	0.802	~TI	0.335
~PR	0.365	IC	0.353
AN	0.796	~IC	0.819
~AN	0.369	TMIW	0.262
OS	0.704	~TMIW	0.907
~OS	0.468	TMSC	0.457
TI	0.834	~TMSC	0.715

注："~"表示要素不出现或"非"，对应变量取值=1-变量模糊值。

在对条件变量进行单要素必要性分析时，如果一个条件变量的必要一致性大于0.9，则认为该条件变量是结果变量的必要条件。在表4–1中，~高层管理者的创新意愿的必要一致性值为0.907，满足一致性检验标准，构成了驱动HEM

企业组织创新混沌演化的必要条件。但其他6个条件变量及其相反情况的必要一致性值均小于0.9，不满足一致性检验标准，未构成驱动企业组织创新混沌演化的必要条件。因此，这6个条件变量及其相反情况不能独立解释HEM企业组织创新混沌演化，需要进一步分析它们相互影响、相互作用形成的多层次要素构型对HEM企业组织创新混沌演化的驱动作用。

4.3.2 条件变量组合分析

在条件变量组合分析中，不宜纳入作为必要条件的条件变量[306]。因此，根据单要素必要性分析的结果，除去高层管理者的创新意愿，并对其他6个条件变量进行组合分析。与单要素必要性分析不同，条件变量组合分析是揭示环境、组织与个体三层次要素相互影响、相互作用构成的不同要素组合驱动HEM企业组织创新混沌演化的充分性。从集合论角度来讲，条件变量组合分析也就是探究三层次影响要素构成的组合所形成的集合是否是驱动HEM企业组织创新混沌演化结果集合的子集。

条件变量组合分析也使用一致性来衡量多层次要素组合对驱动HEM企业组织创新混沌演化的充分性。本书在确定多层次要素组合一致性阈值和案例频数阈值时主要考虑两个原则：首先，为减少潜在矛盾的多层次要素组合的出现，将多层次要素组合的一致性值设置为大于0.75[307]；其次，所设定的案例频数阈值至少涵盖样本集合中75%的样本企业。综合考虑每个样本企业条件变量在真值表中的分布情况，本书将多层次要素组合一致性阈值设定为0.8，案例频数阈值设定为1。运用fsQCA 3.0工具，删除连续性低于0.8的样本企业，对影响HEM企业组织创新混沌演化的多层次要素进行条件变量组合分析，得到驱动HEM企业组织创新混沌演化的条件变量组合的解，包括复杂解、中间解和精简解，如表4-2所示。

表 4-2　条件变量组合分析结果

复杂解/中间解	原始覆盖度	净覆盖度	一致性
PR*AN*~IC	0.259	0.023	0.979
PR*AN*TI	0.282	0.021	0.993
~PR*AN*TI*~TMSC	0.183	0.041	0.950
PR*~AN*OS*~IC	0.156	0.032	0.986
总体覆盖度		0.601	
总体一致性		0.977	
精简解	原始覆盖度	净覆盖度	一致性
PR*AN	0.614	0.143	0.957
AN*TI	0.556	0.102	0.933
PR*~IC	0.501	0.083	0.964
总体覆盖度		0.719	
总体　致性		0.953	

在表 4-2 中，驱动 HEM 企业组织创新混沌演化的条件变量组合的复杂解和中间解是相同的，均包含政策规则*联盟网络*~创新文化、政策规则*联盟网络*技术创新、~政策规则*联盟网络*技术创新*~高层管理者的社会资本、政策规则*~联盟网络*组织规模*~创新文化 4 种条件变量组合，而驱动企业组织创新混沌演化的条件变量组合的精简解包含政策规则*联盟网络、联盟网络*技术创新、政策规则*~创新文化 3 种条件变量组合。同时，在这 3 种解中，条件变量组合的一致性都包括单个组合一致性和组合集合总体一致性两类，其中，单个组合一致性衡量了该多层次要素组合的隶属度是 HEM 企业组织创新混沌演化隶属度子集的程度，组合集合总体一致性衡量了每种解中的多个多层次要素组合的隶属度是企业组织创新混沌演化隶属度子集的程度。而覆盖度都包括单个组合原始覆盖度和净覆盖度及组合集合总体覆盖度 3 种，其中单个组合原始覆盖度是每个多层次要素组合能够覆盖样本企业的比例；单个组合净覆盖度是抛去多层

次要素组合之间的交叉覆盖部分之后,单个多层次要素组合能够解释样本企业的比例;组合集合总体覆盖度是每种解中的多层次要素组合集合能够覆盖样本企业的比例。由于驱动 HEM 企业组织创新混沌演化的条件变量组合的复杂解和中间解是相同的,它们的单个组合一致性、组合集合总体一致性、单个组合原始覆盖度和净覆盖度及组合集合总体覆盖度也都相同。

在 fsQCA 法中,复杂解将反事实的条件变量组合都排除了,但由于并没有对所得到的条件变量组合进行简化,因而得到的条件变量组合通常会比较复杂,不利于开展随后的构型分析。而精简解在对复杂解进行简化的过程中,同时纳入了简单反事实分析和复杂反事实分析,因而其中可能包含了大量反事实的条件变量组合,这些组合很可能与现实并不相符。而居于复杂解和精简解之间的中间解虽然包含了一些反事实的条件变量组合,但会比精简解少[308]。中间解既接近理论和现实,又不会太过复杂,更适合作为研究驱动 HEM 企业组织创新混沌演化的多层次要素组合。因此,本书将中间解作为研究重点,提出驱动 HEM 企业组织创新混沌演化的 4 种条件变量组合:政策规则 * 联盟网络 *~ 创新文化、政策规则 * 联盟网络 * 技术创新、~ 政策规则 * 联盟网络 * 技术创新 *~ 高层管理者的社会资本、政策规则 *~ 联盟网络 * 组织规模 *~ 创新文化。

4.3.3 核心和外围要素构型分析

为更好地探究条件变量组合与 HEM 企业组织创新混沌演化的复杂因果关系,本书基于核心—外围理论,进一步将条件变量区分为核心要素和外围要素。核心要素是与 HEM 企业组织创新混沌演化有较强因果关系的条件变量,它们在条件变量组合分析结果的中间解和精简解中均有出现。而外围要素是与 HEM 企业组织创新混沌演化有较弱因果关系的条件变量,它们可以被替换,只在条件变量组合分析结果的中间解中出现。根据表 4-2 所示的驱动 HEM 企业组织创新混沌演化的条件变量组合的中间解和精简解，得到驱动 HEM 企业组织创新混沌演化的条件变量组合的核心要素和外围要素。借鉴 Fiss 的表述方式[301]，用●表示影响 HEM 企业组织创新混沌演化的要素出现，用⊗表示影响组织创新混沌演化的要素不出现或非，大圈表示影响组织创新混沌演化的核心要素，小圈表示影响组织创新混沌演化的外围要素，"空白"表示影响组织创新混沌演化的要素既可以出现，也可以不出现。在核心和外围要素构型分析的基础上，本书提出了 4 种驱动 HEM 企业组织创新混沌演化的多层次要素构型，如表 4-3 所示。

表 4-3 驱动 HEM 企业组织创新混沌演化的多层次要素构型

影响要素	构型 1	构型 2	构型 3	构型 4
PR	●	●	⊗	●
AN	●	●	●	⊗
OS				●
IC	⊗			⊗
TI		●	●	
TMSC			⊗	
原始覆盖度	0.259	0.282	0.183	0.156
净覆盖度	0.023	0.021	0.041	0.032
一致性	0.979	0.993	0.950	0.986
总体覆盖度	0.601			
总体一致性	0.977			

注：1. ●表示该要素为核心要素出现，●表示该要素为外围要素出现。

2. ⊗表示该要素为核心要素不出现或非，⊗表示该要素为外围要素不出现或非。

3. "空白"表示该要素可以出现，也可以不出现。

在表 4-3 中，在多层次要素构型 1 中，政策规则、联盟网络均作为核心要素出现，而创新文化则作为核心要素不出现，构型的原始覆盖度为 0.259，净覆盖度为 0.023，一致性为 0.979；在多层次要素构型 2 中，政策规则、联盟网络和技术创新均作为核心要素出现，构型的原始覆盖度为0.282，净覆盖度为0.021，一致性为0.993；在多层次要素构型3中，联盟网络和技术创新均作为核心要素出现，而政策规则和高层管理者的社会资本则均作为外围要素不出现，构型的原始覆盖度为0.183，净覆盖度为0.041，一致性为0.950；在多层次要素构型4中，政策规则作为核心要素出现，创新文化作为核心要素不出现，组织规模作为外围要素出现，而联盟网络作为外围要素不出现，构型的原始覆盖度为0.156，净覆盖度为0.032，一致性为0.986。驱动HEM企业组织创新混沌演化的4种多层次要素构型的总体覆盖度为0.601，表明本书所提出的4种多层次要素构型以60.1%的程度解释了驱动HEM企业组织创新混沌演化的原因。

根据前文的分析，驱动HEM企业组织创新混沌演化的多层次要素构型有4种，这些多层次要素构型都是驱动HEM企业组织创新混沌演化的充分条件。也就是说，这4种多层次要素构型与HEM企业组织创新混沌演化之间存在非对称因果关系，即一种多层次要素构型的出现会驱动HEM企业组织创新混沌演化，但这种多层次要素构型不出现并不一定会使HEM企业组织创新处于稳定均衡或周期性均衡演化状态，因为另一种多层次要素构型的出现会推动HEM企业组织创新进入混沌演化时段。这是本书应用fsQCA法的优势，因为应用统计分析方法是无法分析出4种多层次要素构型与HEM企业组织创新混沌演化之间的非对称因果关系的。

4.3.4 要素构型的稳健性检验

为保证提出的4种驱动HEM企业组织创新混沌演化的多层次要素构型具有稳健性，本书需要对多层次要素构型的分析结果进行稳健性检验。Schneider和Wagemann[308]基于集合论方法提出了判定要素构型稳健性的两个标准：第一，在集合关系状态方面，如果采用改变一致性水平等方法，并没有改变条件变量组合之间的清晰子集关系，则认为提出的要素构型对结果变量的解释是稳健的，反之则不稳健；第二，在不同条件变量组合的拟合参数差异方面，如果采用改变一致性水平等方法，使条件变量组合之间在一致性和覆盖度上产生了细微差异，但这些差异并不足以支撑有意义并且与研究结果截然不同的解释时，则认为提出的要素构型对结果变量的解释是稳健的，反之则不稳健。本书应用调整一致性水平的方法，保持案例频数阈值不变，并将一致性阈值从 0.8 提高至 0.85。除去高层管理者的创新意愿，对余下 6 个影响要素进行条件变量组合分析、核心和外围要素构型分析，得到的多层次要素构型的分析结果如表 4-4 所示。将表 4-4 所示的分析结果与调整一致性阈值前的分析结果（表 4-3）相比较，发现 4 种多层次要素构型在核心—外围要素构成，单个构型的原始覆盖度、净覆盖度和一致性，构型集合的总体覆盖度和总体一致性等方面都没有发生变化。因此，本书提出的 4 种驱动 HEM 企业组织创新混沌演化的多层次要素构型具有良好的稳健性。

表 4-4　调整阈值后驱动组织创新混沌演化的多层次要素构型

影响要素	构型 1	构型 2	构型 3	构型 4
PR	●	●	⊗	●
AN	●	●	●	⊗
OS				●
IC	⊗			⊗
TI		●	●	
TMSC			⊗	
原始覆盖度	0.259	0.282	0.183	0.156
净覆盖度	0.023	0.021	0.041	0.032
一致性	0.979	0.993	0.95	0.986
总体覆盖度	0.601			
总体一致性	0.977			

注：1. ●表示该要素为核心要素出现，●表示该要素为外围要素出现。

2. ⊗表示该要素为核心要素不出现或非，⊗表示该要素为外围要素不出现或非。

3. "空白"表示该要素可以出现，也可以不出现。

4.4 要素构型对组织创新混沌演化驱动作用的验证结果分析

根据多层次要素构型对 HEM 企业组织创新混沌演化驱动作用的验证结果，本书将进一步深入分析高层管理者的弱创新意愿对驱动 HEM 企业组织创新混沌演化的必要性，4 种多层次要素构型对 HEM 企业组织创新混沌演化的驱动作用，以及 4 种多层次要素构型中影响要素之间的替代关系。

4.4.1 驱动组织创新混沌演化的必要条件分析

根据单要素必要性分析结果，~创新意愿即高层管理者的弱创新意愿是驱动 HEM 企业组织创新混沌演化的必要条件。这表明 HEM 企业组织创新混沌演化依赖于高层管理者的弱创新意愿。HEM 企业组织创新是自上而下的过程，高层管理者是企业的决策主体，而弱创新意愿使企业高层管理者安于现状，限制了他们对形成和提升企业竞争优势的资源和能力的认知、探索和应用。当所面对内外部环境要素急剧变化，HEM 企业必须采纳偏离现有组织惯例的大规模激进式组织创新时，弱创新意愿使高层管理者缺乏探索更新颖变异的知识和经验，也缺乏探索更新颖变异的创新精神和冒险精神，导致 HEM 企业组织创新演化呈现混沌状态。

在中国 HEM 企业中，企业高层管理者以恩威并重的方式管理治下的成员[309]。他们会通过领导方式、管理制度和流程、组织活动等形式影响企业成员的创新意识和行为。企业成员也持有遵从权威的信念，对上级的权威较为敏感和崇拜，并渴望自己的行为能够符合上级的期望和认同[310]。具有弱创新意愿的高层管理者对风险容忍度较低，会限制企业成员发表创新建议的权利和机会，也不愿接受企业成员提出的新颖但风险较高的创新想法,导致企业成员的创新自主性弱。同时,高层管理者的弱创新精神和弱冒险精神会被企业成员"认同效法",不但会抑制新颖变异的产生,也不利于激进式组织创新在企业内部的贯彻执行。

4.4.2 要素构型对组织创新混沌演化的驱动作用分析

HEM 企业组织创新混沌演化是环境要素、组织要素和个体要素这 3 个层次中相互影响、相互作用的多个要素共同作用的结果。根据前面的验证结果,外围要素围绕着不同的核心要素形成的 4 种多层次要素构型都会驱动 HEM 企业组织创新混沌演化。也就是说,这 4 种多层次要素构型对驱动 HEM 企业组织创新混沌演化同样有效。本书将进一步分析每种多层次要素构型如何驱动 HEM 企业组织创新混沌演化。

4.4.2.1 多层次要素构型 1 对组织创新混沌演化的驱动作用分析

多层次要素构型 1:政策规则 * 联盟网络 *~ 创新文化,表明当外部环境要素急剧变化时,HEM 企业中具有弱创新意愿的高层管理者,在弱创新文化的影响下,会推动组织创新进入混沌演化时段。在这种情境下,政策规则和联盟网络的同时变化使 HEM 企业处于高不确定性的外部环境中,它们不但削弱了企业合法获取资源的能力,也导致现有高端装备产品或技术服务过时。高不确定性的外部环境是 HEM 企业组织创新混沌演化的首要驱动力量,尤其是当企业处于持续低绩效时,这些环境压力会迫使企业高层管理者采纳颠覆现有组织模式的大规模激进式组织创新,以扭转不利局面并逐渐形成新的竞争优势。但弱创新文化在 HEM 企业内部形成了回避创新、厌恶风险和失败包容度低的文化氛围,不但使企业成员缺乏感知机会与威胁的能力,也降低了他们创造性思考的能力,导致他们在高不确定性的环境中很难抓住机会、找到解决问题的新思路或新方法。面对政策规则和联盟网络剧变，在弱创新文化的影响下，具有弱创新意愿的高层管理者很难在复杂动荡的环境中，引入与环境变化相适应的颠覆性组织变革，并战胜企业内部的惰性力量，推动变革在企业内部的全面实施，因而导致企业组织创新进入混沌演化时段。

4.4.2.2 多层次要素构型2对组织创新混沌演化的驱动作用分析

多层次要素构型2：政策规则*联盟网络*技术创新，表明当外部环境要素急剧变化时，专注于采纳技术创新的HEM企业中具有弱创新意愿的高层管理者会推动企业组织创新进入混沌演化时段。在这种情境下，为应对环境剧变，HEM企业采纳的激进式组织创新通常是具有破坏性或突破性的创新，它们明显偏离现有组织惯例，如战略再定位、组织结构重构、管理流程再造或制度改革等。但专注于推行技术创新的具有弱创新意愿的高层管理者可能会回避不确定性和风险性极高的大规模激进式组织创新，退而求其次地采纳渐进式组织创新。但这些渐进式组织创新不能为企业构建适应内外部环境变化的新组织模式。随着一些革命性技术创新的不断推进，HEM企业中各种组织管理问题会不断突显出来，并阻碍技术创新的成功推行。在这种构型中，高不确定性的外部环境仍然是HEM企业组织创新混沌演化的重要驱动力量。面对环境剧变，组织创新与技术创新的严重不匹配已经成为阻碍企业发展的关键。为满足技术创新需要，企业需要采纳与之相匹配的颠覆性组织变革，重构组织模式，战胜企业内部的惰性力量，形成促进技术创新推进的内部社会环境和组织基础。但在组织创新严重滞后于技术创新的HEM企业中，具有弱创新意愿的高层管理者虽然被迫推行大规模激进式组织创新，但巨大的内外部环境压力会导致企业组织创新呈现出混沌演化状态。

4.4.2.3 多层次要素构型3对组织创新混沌演化的驱动作用分析

多层次要素构型3：~政策规则*联盟网络*技术创新*~高层管理者的社

会资本，表明当政策规则较稳定而联盟网络急剧变化时，专注于采纳技术创新的 HEM 企业中具有弱创新意愿并且社会资本贫乏的高层管理者会推动企业组织创新进入混沌演化时段。在这种情境下，当企业高端装备产品的需求或企业在联盟网络中的身份发生变化时，持续改进现有产品已经不足以赢得竞争，企业需要在产品和工艺方面推行任何需要的变革，以满足新需求或产生新的生态位。而这些技术创新对 HEM 企业来说通常是革命性的，需要企业同时关注新高端装备产品的研制和组织成员能力的开发。技术创新与组织创新相互影响、相互作用，实现这两类创新活动的协同，促进企业社会与技术系统联合优化，才能够帮助企业提升竞争能力。HEM 企业单纯在技术系统进行革命性创新是不够的，社会系统也应随之发生变革。企业同时具有较强的技术与管理能力，才可能成功推行革命性的技术创新。为了给技术创新的创生和实施构建良好的内部社会环境和组织基础，具有弱创新意愿的高层管理者被迫以革命性技术创新为中心，开展与之相协调的大规模激进式组织创新。但贫乏的社会资本使具有弱创新意愿的高层管理者较难通过自身的网络关系及时掌握联盟网络的变化趋势，并缺乏联盟网络中其他成员的支持和帮助，导致 HEM 企业很难引入适应联盟环境变化、与技术创新匹配的激进式组织创新。企业组织创新演化轨道不稳定，组织创新演化进入混沌时段。

4.4.2.4 多层次要素构型 4 对组织创新混沌演化的驱动作用分析

多层次要素构型 4：政策规则 *~ 联盟网络 * 组织规模 *~ 创新文化，表明当非联盟网络而政策规则急剧变化时，具有弱创新文化的大型 HEM 企业中具有弱创新意愿的高层管理者会推动企业组织创新进入混沌演化时段。在这种情境下，政策规则的变化会影响企业的资源获取能力和外部成长机会。为保证企业的收益和合法性，高层管理者需要搜寻没有被政策规则排除的利益空间和成长机会。但技术密集等特征可能会促使 HEM 企业开展探索新产品／工艺或改进现有产品／工艺的技术创新活动，并采纳改善组织运作效率的渐进式组织创新。大型 HEM

企业具有重要的政治、军事和经济意义，是政府重要监管对象。它们大多经历了计划经济时代，虽然在国家政策的指导下，进行了公司制改造，引入了现代企业管理模式，但它们对政府的依赖程度仍然很高。为获得政府的支持，大型HEM企业通常会针对政策规则的变化，进行适应性变革。但部分大型HEM企业仍然受计划经济思维惯性的影响，对市场环境的变化不敏感。即使市场冲击已经威胁到企业的生存和发展，这些大型HEM企业也不会主动采纳大规模激进式组织创新，它们仅会在政策规则的指导下引入偏离现有组织创新演化轨道的激进式组织创新。在这种构型中，~联盟网络并不表示联盟网络没有发生变化，而是HEM企业对联盟网络的变化不敏感。部分对联盟网络变化不敏感的大型HEM企业中具有弱创新意愿的高层管理者，会在政策规则的指导下，被迫采纳大规模激进式组织创新。但HEM企业内部的弱创新文化和高层管理者的弱创新意愿都会使HEM企业更倾向采纳创新性和风险性均较低的渐进式组织创新，对激进式组织创新的采纳缺乏应有的支持，导致企业组织创新进入混沌演化时段。

4.4.3 要素构型之间影响要素的替代关系分析

根据前文的分析，每种多层次要素构型内的影响要素之间相互影响、相互作用，共同驱动了HEM企业组织创新混沌演化，因此每种多层次要素构型中的影响要素之间存在互补关系。本书将进一步分析4种驱动HEM企业组织创新混沌演化的多层次要素构型之间影响要素的替代关系。

4.4.3.1 多层次要素构型1与2之间影响要素的替代关系分析

由多层次要素构型1可知，面对外部环境剧烈动荡，若HEM企业具有弱创新文化，则其是否引入技术创新与企业组织创新混沌演化无关。换言之，若HEM企业未引入技术创新，政策规则和联盟网络的剧变是企业组织创新混沌演化的主要驱动力量。在弱创新文化的影响下，具有弱创新意愿的高层管理者回避创新、厌恶风险，很难在动荡的环境中引入与环境变化相适应的颠覆性组织变革，并战胜企业内部惰性力量，推动变革在企业内部的全面实施，导致企业组织创新进入混沌演化时段。而若 HEM 企业引入了技术创新，在弱创新文化的影响下，具有弱创新意愿的高层管理者会将注意力转向技术创新的推行，而在外部环境冲击及技术创新压力下，具有弱创新意愿的高层管理者更难引入符合企业发展实际的大规模激进式组织创新，因而导致企业组织创新呈现出混沌演化状态。

由多层次要素构型 2 可知，面对外部环境剧烈动荡，若 HEM 企业引入技术创新，则其是否具有弱创新文化与企业组织创新混沌演化无关。也就是说，为应对环境剧变，专注于推行技术创新的具有弱创新意愿的高层管理者会发现不断突显出来的组织管理问题阻碍了技术创新的推行。面对巨大的内外部环境压力，具有弱创新意愿的高层管理者在弱创新文化的影响下，很难引入与技术创新相匹配的大规模激进式组织创新，导致企业组织创新呈现出混沌演化状态；即使企业具有较强的创新文化，面对环境冲击和技术创新压力，具有弱创新意愿的高层管理者也会因为缺乏引入激进式组织创新的相关知识与经验，倾向于照搬成功企业的成熟管理模式，导致引入的激进式组织创新并不能符合技术创新的需要，因而推动企业组织创新进入混沌演化时段。因此，多层次要素构型 1 中的～创新文化与多层次要素构型 2 中的技术创新两个影响要素之间存在替代关系。

4.4.3.2 多层次要素构型 1 与 4 之间影响要素的替代关系分析

由多层次要素构型 1 可知，面对政策规则的急剧变化，具有弱创新文化的 HEM 企业若受到了来自联盟网络变化的冲击，则其组织规模大小与企业组织创新混沌演化无关。换言之，无论企业规模大小，高不确定性的环境会迫使 HEM 企业采纳大规模激进式组织创新。但在弱创新文化的影响下，具有弱创新意愿的高层管理者缺乏引入符合企业发展需要的激进式组织创新的主动性以及相关知识与经验，并且也缺乏将创新全面推行的积极性，导致企业组织创新进入混沌演化时段。而大型 HEM 企业的组织结构、管理制度和流程更刚性，内外部关系更为复杂，因而其组织创新演化的混沌性会比小型 HEM 企业更强一些。

由多层次要素构型 4 可知，面对政策规则的急剧变化，具有弱创新文化的大型 HEM 企业虽然没有感受到来自联盟网络的变化，但企业组织创新仍然进入混沌演化时段。也就是说，部分大型 HEM 企业仍然受计划经济思维惯性的影响，对政府的依赖程度很高。企业中具有弱创新意愿的高层管理者需要在政策规则的指导下才会引入重大组织变革，并且倾向于引入成功企业的成熟管理模式，但缺乏对这些模式进行适应性调整以符合企业发展实际。同时，企业内部的弱创新文化更倾向于支持渐进式组织创新，导致激进式组织创新缺乏应有的组织支持，因而 HEM 企业组织创新呈现出混沌演化状态。因此，多层次要素构型 1 中的联盟网络与多层次要素构型 4 中的 ~联盟网络 * 组织规模之间存在替代关系。

4.4.3.3　多层次要素构型 2 与 3 之间影响要素的替代关系分析

由多层次要素构型 2 可知，面对联盟网络的急剧变化，专注采纳技术创新的 HEM 企业若受到政策规则变化的冲击，则其高层管理者的社会资本与企业组织创新混沌演化无关。换言之，外部环境的高不确定性使 HEM 企业中具有弱创新意愿的高层管理者专注开展技术创新活动。来自环境的巨大压力和技术创新对组织创新的需求，迫使高层管理者引入大规模激进式组织创新，但弱创新意愿使高层管理者缺乏引入及全面推行激进式组织创新的积极性和主动性，导致企业组织创新进入混沌演化时段。但具有较丰富社会资本的高层管理者可以借助外部力量，增强引入创新方案的合理性，但巨大环境的压力与技术创新的推行会转移具有弱创新意愿的高层管理者的注意力，导致创新方案不能成功实施。因而与高层管理者具有较贫乏社会资本的企业相比，高层管理者具有较丰富社会资本的企业组织创新演化的混沌性会弱一些。

由多层次要素构型3可知,面对联盟网络的剧变,即使政策规则没有发生变化,但由于高层管理者的社会资本较为贫乏,专注采纳技术创新的HEM企业组织创新演化会进入混沌时段。也就是说,当政策规则较稳定时,HEM企业为了应对联盟网络的急剧变化,专注开展技术创新活动,以满足新需求或产生新的生态位。为促进技术创新的顺利推行,具有弱创新意愿的高层管理者被迫以革命性技术创新为中心,开展与之相匹配的大规模激进式组织创新。但贫乏的社会资本使具有弱创新意愿的高层管理者较难掌握联盟网络的变化趋势,也缺乏联盟网络中其他成员的支持和帮助,很难引入符合技术创新需要的激进式组织创新,导致企业组织创新演化进入混沌时段。因此,多层次要素构型2中的政策规则与多层次要素构型3中的~政策规则*~高层管理者的社会资本之间存在替代关系。

4.5 本章小结

本章在建立多层次要素构型对HEM企业组织创新混沌演化驱动作用理论框架的基础上,根据第3章的研究结果,对第3章中筛选后的样本企业数据进行校准,应用fsQCA法,通过单要素必要性分析、条件变量组合分析、核心和外围要素构型分析及要素构型的稳健性检验,对HEM企业组织创新混沌演化的驱动机制进行验证。研究发现,高层管理者的弱创新意愿是驱动HEM企业组织创新混沌演化的必要条件,提出了4种驱动企业组织创新混沌演化的多层次要素构型并对其进行了深入分析和讨论。

第5章
案例企业组织创新混沌演化机制及控制策略

模型建立与理论提出都是以应用到企业组织创新管理实践为最终目标。为验证前面的研究结果是否对 HEM 企业组织创新管理具有科学的指导意义，能否合理地应用到 HEM 企业组织创新管理实践中，本章首先选取 HEM 业的子行业航空装备制造业中的典型企业——A 企业，根据其在 1998—2018 年的组织创新演化的调研资料和纵向数据，判定企业组织创新演化过程的混沌性、验证企业组织创新混沌演化的影响机制和驱动机制，以验证前面的研究结果在个案企业组织创新混沌演化过程中应用的有效性和可操作性。其次，选取 HEM 业不同子行业中的 4 家典型企业，基于企业组织创新演化情况的截面资料，验证案例企业组织创新混沌演化的影响机制和驱动机制，以进一步验证前面的研究结果在多案企业组织创新混沌演化过程中应用的合理性和可行性。最后，根据案例企业组织创新混沌演化机制的验证结果，结合案例企业组织创新混沌演化的实际情况，提出 HEM 企业组织创新混沌演化的控制策略，为企业组织创新管理实践提供参考。

5.1　企业组织创新混沌演化机制的纵向案例分析

根据第 2 章的研究结果，A 企业在 1998—2018 年中间断均衡的组织创新演化过程可能具有混沌性。本节将基于 A 企业 20 多年间组织创新演化过程的调研资料，获得组织创新演化状态的纵向数据，构建组织创新演化的时间序列，并运用多种混沌判定方法对 A 企业组织创新演化的混沌性进行判定，以验证前文研究结果的实践合理性与普适性。

5.1.1　A 企业背景与其组织创新演化过程

A 企业属于航空装备制造企业，成立于 20 世纪 60 年代。1998—2018 年，A

第 5 章 案例企业组织创新混沌演化机制及控制策略

企业经历了 3 个发展时段：第一时段，在 20 世纪六七十年代，A 企业专业生产航空机载机电产品；第二时段，从 20 世纪 80 年代至 2009 年，A 企业进入汽车产品配套市场，并逐步形成了航空和汽车两大较为成熟的产品体系；第三时段，从 2010 年至 2018 年，A 企业退出汽车产品配套市场，致力于航空产品、高端齿轮泵等高科技产品的研发与生产。本书以 A 企业在 1998—2018 年的组织创新演化过程作为研究对象，在这 20 多年的发展中，企业组织创新演化过程表现为短暂的变革时段与相对较长的收敛时段交替出现的间断均衡过程，如表 5-1 所示。

表 5-1　1998—2018 年 A 企业的组织创新演化过程

演化时段	战略创新	结构创新	制度创新	管理流程创新
变革时段 1998—1999 年	将处于起步阶段、配套量很少的汽车机电产品作为核心产品，与航空机电产品协同发展	将 11 个分厂、24 个处室的组织结构变革为八部一办、5 个车间、1 个实业公司和 1 个涂料厂	新编并完善了生产管理、人力资源等方面的管理制度	设计并完善了生产管理流程
收敛时段 1999—2004 年	—	随着汽车和航空机电产品体系的逐步形成，企业对组织结构进行持续的调整和完善	新编并不断完善了提升航空和汽车机电产品质量的相关制度以及薪资和干部选拔任用等人力资源管理制度	设计并完善了质量管理流程
变革时段 2004—2005 年	将汽车机电产品作为研制重点，维持航空机电产品并适时发展；将创新作为重要发展战略	借鉴三菱的核算模式，将二级核算体系调整为一级核算体系，并将组织结构变革为九部一室一车间	新编并完善了提升产品质量、人力资源、企业文化等方面的管理制度	构建业务流程体系，引入信息管理系统
收敛时段 2005—2010 年	—	随着汽车和航空机电产品体系的日趋成熟，企业持续调整组织结构	新编并完善了提升产品质量的相关制度，不断完善薪酬、培训等方面的人力资源管理制度	设计并完善了质量管理流程

续表

演化时段	战略创新	结构创新	制度创新	管理流程创新
变革时段 2010—2011年	致力于航空机电产品、高端齿轮泵等高科技产品的研发与生产	在产品结构调整后,为整合企业业务和资源,将组织结构变革为六部一办三车间	修订现行制度,并新编产品研发、人力资源等方面的制度,形成了管理制度体系	识别核心流程,重组了业务流程体系
收敛时段 2011—2014年	—	随着厂房搬迁,企业整合部门职能,调整组织结构	新编并完善了提升产品质量、技术管理和人力资源管理等制度	完善业务流程体系,升级综合信息管理系统
变革时段 2015—2016年	将提升航空机电产品技术水平作为重点,大力发展高端齿轮泵等高科技产品	根据产品研制重点的调整,为提高新产品的研发和生产能力,将组织结构变革为七部一办四车间	新编并完善了产品研发、人力资源、企业文化等方面的管理制度	设计并完善了产品研制流程
收敛时段 2016—2018年	—	随着高科技产品体系的形成,企业持续调整组织结构	新编并完善了产品研制、提升产品质量及人力资源管理等制度	设计并完善了产品研发和质量管理流程

5.1.2 A企业组织创新演化的混沌性判定

5.1.2.1 组织创新演化的时间序列构建

获取企业组织创新演化过程中整体或时段性的创新状态数据是构建组织创新时间序列的基础。在获取A企业组织创新演化情况资料的基础上,对A企业创新演化状态进行测度,运用处理后的测度值,构建组织创新演化的时间序列,为判定A企业创新演化的混沌性奠定数据基础。

1. 数据来源

本书以A企业在1998—2018年的组织创新演化过程为研究对象,综合运用文件查阅和访谈法进行数据收集。2019年3月—2019年6月,通过查阅A企业与组织创新相关的文档资料，以季度为间隔，从战略创新、结构创新、管理流程创新和制度创新4个方面分别对A企业组织创新资料进行汇总和分类整理。在资料整理过程中，对1998—2018年一直在A企业中任职的4位中层管理者开展多次访谈，不断完善并最终形成了A企业在1998—2018年，以季度为间隔，在战略创新、结构创新、管理流程创新和制度创新4个创新维度中已经采纳组织创新的清单。

A企业组织创新演化过程是短暂的变革时段与相对较长的收敛时段交替出现的间断均衡过程。虽然在组织创新演化的收敛时段，A企业也采纳了小规模的激进式组织创新，但若以激进式组织创新状态测度值构建时间序列，会出现较多时段没有实施创新活动的情况。本书在第2章提出当激进式组织创新演化表现为混沌运动时，由于激进式组织创新和渐进式组织创新之间的复杂竞争关系，渐进式组织创新也随之进行混沌演化。也就是说，当企业激进式组织创新演化进入混沌时段时，整个组织创新系统也处于混沌演化状态。因此，根据A企业组织创新演化情况的原始材料，考虑A企业组织创新频率，本书以季度为间隔收集A企业组织创新状态数据。

2. 量表设计

为了保证测量量表的内容效度，在分析以往频繁使用的成熟测度题项[285-287]的基础上，对包括A企业高层管理者在内的6家HEM企业的中高层管理者进行访谈，反复推敲、修正并最终确定了20个组织创新测度题项。每一个题项取1或0分别表示企业是否实施该项组织创新。本书以季度为间隔收集企业组织创新数据，因为企业组织创新频率均相对较低，如果以月为间隔，会出现较多月没有实施创新活动的情况。最终得到企业组织创新演化情况的调研问卷84份。

3. 信度和效度检验

本书运用SPSS 22.0工具和Amos 17.0工具分别对A企业组织创新状态测量量表进行了信度检验和效度检验。每一个组织创新维度的Cronbach's α系数均达到 0.7 以上，整个量表的 Cronbach's α 为 0.714，说明该量表的稳定性和可靠性良好；每一项指标的标准化因子载荷为 0.546～0.927，均大于 0.5 并在 0.05 水平上显著，说明量表具有良好的结构效度。

4. 变量测度

根据 A 企业组织创新演化情况的原始材料，本书以企业在第 t 年的第 i 季度中实施的组织创新总数占组织创新题项总数的比例测度企业组织创新状态 oi_{ti}。A 企业 1998—2018 年每季度的组织创新测度值如图 5-1 所示。在图 5-1 中，A 企业 1998—2018 年间每季度的组织创新状态值动荡变化。从组织创新演化整体态势来看，A 企业组织创新演化过程表现为相对较长的收敛时段被短暂的革命性变革时段间断的过程。日趋激烈的市场竞争和不断调整的产业政策，使 A 企业逐渐认识到组织创新在企业发展中的重要作用，并积极实施组织创新以提高企业绩效和运营效率、促进技术创新活动的开展。本书应用组织创新测度值（oi_{ti}），构建 A 企业组织创新原始时间序列 $\{oi_{199801}, oi_{199802}, \cdots, oi_{201804}\}$。

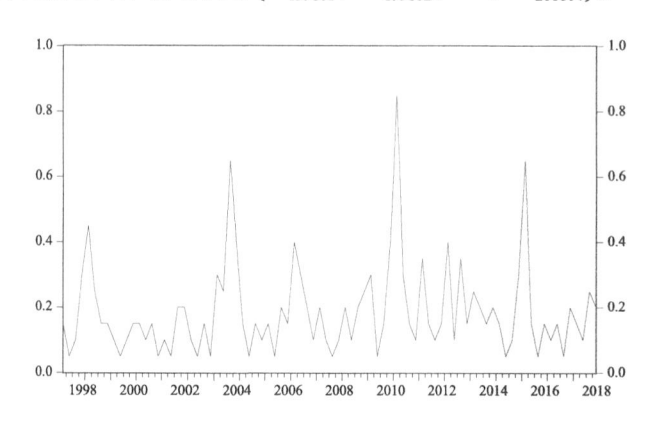

图 5-1　A 企业 1998—2018 年每季度的组织创新测度值

5. 数据处理

在运用混沌判定方法分析时间序列时，可能会将时间序列的自相关性混淆为混沌[311]。为了提高组织创新演化混沌性判定结果的准确性，需要检验并消除 A 企业组织创新时间序列的自相关性。本书应用 Eviews 7.2 工具检验 A 企业组织创新原始时间序列自相关性，检验结果如图 5-2 所示。在图 5-2 中，A 企业组织创新原始时间序列的自相关图和偏自相关图的前 1 阶系数均落在置信区间之外并且均显著，表明 A 企业组织创新原始时间序列是自相关的。

	自相关	偏自相关		AC	PAC	Q-Stat	Prob.
			1	0.302	0.302	7.9624	0.005
			2	-0.044	-0.149	8.1296	0.017
			3	-0.214	-0.173	12.217	0.007
			4	0.051	0.196	12.456	0.014
			5	-0.097	-0.241	13.313	0.021
			6	-0.129	-0.067	14.857	0.021
			7	-0.093	0.039	15.661	0.028
			8	0.144	0.084	17.645	0.024
			9	-0.083	-0.244	18.311	0.032

图 5-2　A 企业组织创新原始时间序列前 9 阶的自相关图和偏自相关图

为了消除组织创新原始时间序列的自相关性，可以将 A 企业组织创新原始时间序列拟合到一个最佳 ARIMA(p, d, q) 模型中，并通过分析模型的残差序列判定 A 企业组织创新演化的混沌性[250]。本书首先应用 Eviews 7.2 工具检验组织创新原始时间序列的平稳性，检验结果如表 5-2 所示。在表 5-2 中，A 企业组织创新原始时间序列的 ADF 检验统计量小于在 1%、5% 和 10% 显著性下的临界值，表明 A 企业组织创新原始时间序列是平稳的。

表 5-2　A 企业组织创新原始时间序列的 ADF（单位根）检验结果

数据类型	ADF 检验统计量	临界值 $\alpha=1\%$	临界值 $\alpha=5\%$	临界值 $\alpha=10\%$
原始时间序列	-6.5890	-3.5113	-2.8968	-2.5856

根据表 5-2 中的检验结果，取 $d=0$。而在图 5-2 中，A 企业组织创新原始时间序列的自相关系数（AC）和偏自相关系数（PAC）均为拖尾，所以采用 ARMA(p, q) 模型来分析。模型中的参数 p 取 1，2，参数 q 取 1，2，则 A 企业组织创新原始时间序列的可能拟合模型为 ARMA(1, 1)，ARMA(1, 2)，ARMA(2, 1) 和 ARMA(2, 2)。本书应用 Eviews 7.2 工具对 4 个可能拟合模型进

行检验，检验结果如表5-3所示。本书遵循参数显著性、AIC和SC值均最小的原则，根据表5-3中的检验结果进行定阶，最终选择ARMA(2，2)模型。由于$d=0$，得到A企业组织创新原始时间序列的最佳拟合模型为ARIMA(2，0，2)。

表5-3 A企业组织创新原始时间序列4个可能拟合模型的检验结果

模 型	变 量	系 数	Prob.	AIC	SC
ARMA(1，1)	C	0.1884	0.0000	−1.0995	−1.0121
	AR(1)	0.1434	0.6794		
	MA(1)	0.1859	0.5895		
ARMA(1，2)	C	0.1890	0.0000	−1.2241	−1.1075
	AR(1)	−0.9861	0.0000		
	MA(1)	1.4557	0.0000		
	MA(2)	0.5044	0.0000		
ARMA(2，1)	C	0.1893	0.0000	−1.0977	−0.9803
	AR(1)	1.0060	0.0019		
	AR(2)	−0.3392	0.0037		
	MA(1)	−0.6873	0.0345		
ARMA(2，2)	C	0.1895	0.0000	−1.3224	−1.1757
	AR(1)	−0.5128	0.0000		
	AR(2)	−0.5843	0.0000		
	MA(1)	0.9582	0.0000		
	MA(2)	0.9926	0.0000		

本书应用Eviews 7.2工具对ARIMA(2，0，2)模型的残差序列进行自相关性检验的结果如图5-3所示。在图5-3中，残差序列的自相关系数和偏自相关系数均不显著，即模型的残差序列是白噪声序列。因此，本书以ARIMA(2，0，2)模型的残差序列构建A企业组织创新时间序列$\{OI_1, OI_2, \cdots, OI_{82}\}$。

第 5 章
案例企业组织创新混沌演化机制及控制策略

自相关	偏自相关		AC	PAC	Q-Stat	Prob
		1	0.011	0.011	0.0112	0.916
		2	0.018	0.017	0.0378	0.981
		3	-0.043	-0.044	0.2019	0.977
		4	0.001	0.001	0.2020	0.995
		5	-0.136	-0.135	1.8609	0.868
		6	-0.005	-0.003	1.8629	0.932
		7	-0.132	-0.130	3.4534	0.840
		8	0.119	0.115	4.7638	0.783
		9	-0.140	-0.151	6.6201	0.677

图 5-3　A 企业组织创新残差序列前 9 阶的自相关图和偏自相关图

5.1.2.2　组织创新演化的混沌性判定

在对 A 企业组织创新时间序列 $\{QI_1, QI_2, \cdots, QI_n\}$ 进行相空间重构的基础上，本书将运用关联维数法和 Lyapunov 指数法分别对 A 企业组织创新演化的混沌性进行判定。

1. 时间序列相空间重构

为了使代表系统演化状态的时间序列与原动力系统具有相同的性质和演化特征，需要对时间序列进行相空间重构[313]。相空间重构的关键是选择适当的嵌入维数 m 和时间延迟 τ，而两者的选择是相互依赖的，本书运用 C-C 法确定 A 企业组织创新时间序列的 m 和 τ。对于 A 企业组织创新时间序列 $\{QI_1, QI_2, \cdots, QI_{82}\}$，以 m 和 τ 进行相空间重构，重构相空间为 ROI= $\{ROI_i\}$，ROI_i 为相空间中的相点，则 $C(m, n, r, \tau)$ 表示重构相空间中任意两点之间距离小于 r 的概率。

$$C(m,n,r,\tau) = \frac{2}{M(M-1)} \sum_{1 \leq i < j \leq M} \theta(r - d_{ij}) \quad (5-1)$$

式中，$M = n - (m-1)\tau$ 表示重构 m 维相空间中的相点数，$n = 82$，$r > 0$，$d_{ij} = \|ROI_i - ROI_j\|_\infty$，$\theta(r - d_{ij}) = \begin{cases} 0, r - d_{ij} < 0 \\ 1, r - d_{ij} \geq 0 \end{cases}$。在本书中，$m$ 取 2, 3, 4, 5；$r_k = r_k =$

$\frac{k\sigma}{2}$，σ为组织创新时间序列的标准差，$k=1$，2，3，4。

将 A 企业组织创新时间序列 $\{OI_1, OI_2, \cdots, OI_{82}\}$ 拆分为 τ 个不相交的子序列，$\{OI_1, OI_{\tau+1}, OI_{2\tau+1}, \cdots\}$，$\{OI_2, OI_{\tau+2}, OI_{2\tau+2}, \cdots\}$，$\cdots$，$\{OI_\tau, OI_{2\tau}, OI_{3\tau}, \cdots\}$，子序列的长度均为 $n_s = \frac{n}{\tau}$，n 为 τ 的整数倍。本书采用分块平均策略，计算子序列的检验统计量 $S(m, n, r_k, \tau)$。

$$S(m,n,r_k,\tau)=\frac{1}{\tau}\sum_{S=1}^{\tau}[C_S(m,n_S,r_k,\tau)-C_S^m(1,n_S,r_k,\tau)] \quad (5-2)$$

如果动力系统时间序列是独立同分布的，当 $n \to \infty$ 时，对于所有的 r_k，均有 $S(m, r_k, \tau)$ 恒为零。但 A 企业组织创新时间序列是有限的，所以 $S(m, r_k, \tau)$ 并不为零。

$$S(m,r_k,\tau)=\frac{1}{\tau}\sum_{S=1}^{\tau}[C_S(m,r_k,\tau)-C_S^m(1,r_k,\tau)] \quad (5-3)$$

为了使重构相空间中的相点最接近均匀分布，根据文献[314]，本书求解对应所有半径 r_k 的 $S(m, r_k, \tau)$ 的最大偏差 $\Delta S(m,\tau)$，并取 $\Delta S(m,\tau)$ 对应所有嵌入维度的均值 $\Delta \bar{S}(\tau)$ 的第一个极小值对应的时间点，作为企业组织创新时间序列的最优时间延迟 τ_d，取 $\Delta \bar{S}(\tau)$ 的全局最小值对应的时间点作为企业组织创新时间序列的最大时间窗口 τ_w。根据 $\tau_w = (m-1)\tau_d$，可以确定 A 企业组织创新时间序列的嵌入维度 m。

$$\Delta S(m,\tau) = \max\{S(m,r_k,\tau)\} - \min\{S(m,r_k,\tau)\} \quad (5-4)$$

$$\Delta \bar{S}(\tau) = \frac{1}{4}\sum_{m=2}^{5}\Delta S(m,\tau) \quad (5-5)$$

本书应用 MATLAB 8.5 工具编程并运行得到 A 企业组织创新时间序列的最

优时间延迟和最大时间窗口（图 5-4）。在图 5-4 中，$\Delta \bar{S}(\tau)$ 的第一个极小值对应的时间点为 $\tau=1$，所以 A 企业组织创新时间序列的最优时间延迟 $\tau_d=1$；$\Delta \bar{S}(\tau)$ 的全局最小值对应的时间点为 $\tau=3$，所以 A 企业组织创新时间序列的最大时间窗口为 $\tau_w=3$。根据 $\tau_w=(m-1)\tau_d$，得到 A 企业组织创新时间序列的嵌入维度 $m=4$。以嵌入维度 4 和时间延迟 1 对 A 企业组织创新时间序列进行相空间重构，重构相空间中的相点为：$ROI_i=(OI_i, OI_{1+i}, OI_{2+i}, OI_{3+i}) \in R^4$，其中，$i=1, 2, \cdots, M$；$M=n-(m-1)\tau_d=79$。

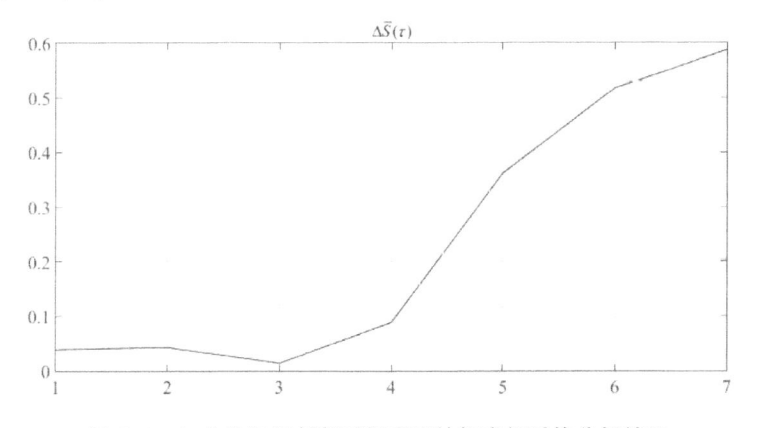

图 5-4　A 企业组织创新时间序列的相空间重构分析结果

2. 重构时间序列的关联维数

非线性动力系统具有混沌运动状态的一个重要特征是吸引子具有分数维，即存在奇异吸引子[315]。若存在一个常数 D，使得当 $r \to 0$ 时，$C(m, n, r, \tau_d)$ 与 r^D 之间存在标度关系 $C(m, n, r, \tau_d) \propto r^D$，则 D 是重构组织创新时间序列的关联维数。取合适的 r，拟合出 $\ln C(r)$ 对 $\ln r$ 的直线，则该直线的斜率就是重构组织创新时间序列的关联维数 D。

本书应用 MATLAB 8.5 编程并运行拟合出 $\ln C(r)$ 对 $\ln r$ 的直线（图 5-5），得到 A 企业重构组织创新时间序列的关联维数 D 为 1.931，为分数，表明 1998—2018 年，A 企业组织创新演化的吸引子不是确定性吸引子，也不是周期性吸引子，而是无穷折叠和嵌套的奇异吸引子，A企业组织创新演化发生了稳定性失衡，具有混沌特性。在组织创新演化过程中，A企业组织创新呈现出混沌运动状态，虽然很难对A企业组织创新的长期演化趋势进行预测，但是通过分析内外部环境要素变化和组织创新系统状态，可以对A企业组织创新演化趋势进行短期预测。

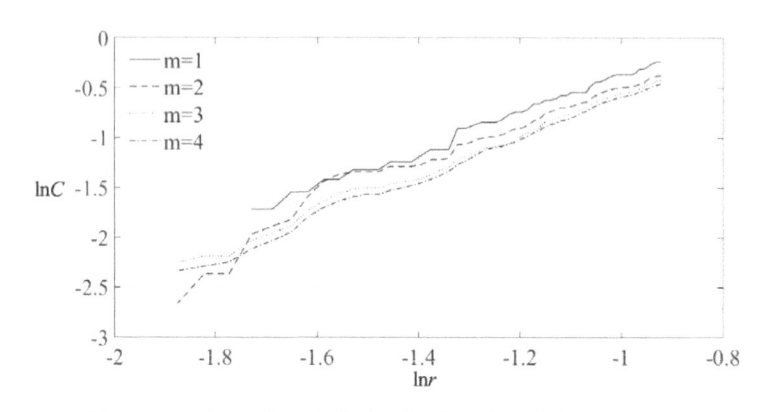

图5-5 A企业重构组织创新时间序列的关联维数分析结果

3. 重构时间序列的Lyapunov指数

Lyapunov指数定量描述了组织创新演化轨道之间平均分离或者收缩的快慢，反映了动力系统的整体混沌水平。判断非线性动力系统是否具有混沌性，只需计算出系统的最大Lyapunov指数[316]。由于样本数据量较小，本书运用小数据量法计算A企业重构组织创新时间序列的最大Lyapunov指数。

对于重构组织创新时间序列的相空间ROI={ROI$_i$}，找到相空间中每个相点ROI$_i$的临近点ROI$_{i'}$并限制短暂分离，即：

$$d_i(0) = \min \| ROI_i - ROI_{i'} \| \tag{5-6}$$

式中，$|i-i'|>p$，p为组织创新时间序列的平均周期。

计算每个相点ROI$_i$与其临界点ROI$_{i'}$演化j个离散时间后的距离$d_i(j)$，$j=1$，

$2, \cdots, \min(M-i, M-i')$。

$$d_i(j) = \| \text{ROI}_{i+j} - \text{ROI}_{i'+j} \| \tag{5-7}$$

对每个 j，求出所有 i 的 $\ln d_i(j)$ 的平均并除以 Δt，得到 $Y(j)$。

$$Y(j) = \frac{1}{q\Delta t} \sum_{i=1}^{q} \ln d_i(j) \tag{5-8}$$

式中，q 是非零 $d_i(j)$ 的数目。

本书运用最小二乘法，拟合出 $Y(j)$ 的回归直线，这条直线的斜率就是 A 企业重构组织创新时间序列的最大 Lyapunov 指数 $\lambda_{\max}$。

本书应用 MATLAB 8.5 工具编程并运行拟合出 $Y(j)$ 的回归直线（图 5-6），得出 A 企业重构组织创新时间序列的最大 Lyapunov 指数为 0.005023 > 0，表明 1998—2018 年，A 企业组织创新演化对初始条件敏感依赖，组织创新初始演化状态的微小差别在短期内不会变成巨大差异，但随着时间推移会以指数级速率扩大成巨大差异，组织创新演化轨道不稳定，A 企业组织创新演化过程是混沌过程。

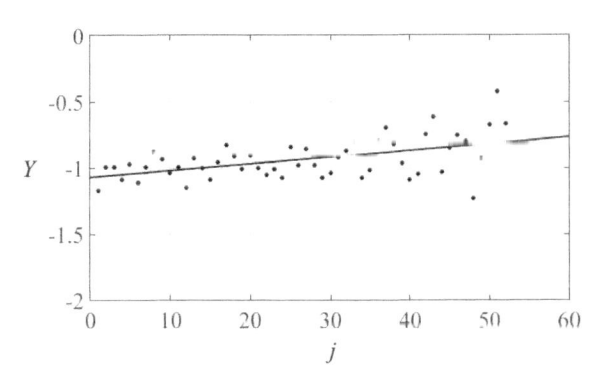

图 5-6 A 企业重构组织创新时间序列的最大 Lyapunov 指数分析结果

根据前面的判定结果，重构组织创新时间序列的关联维数为分数，并且最大 Lyapunov 指数大于零，表明 A 企业组织创新演化具有存在奇异吸引子和对初始条件敏感的混沌特性。企业组织创新演化与内外部环境要素变化密切相关，在内外部环境要素的强烈影响下，A企业组织创新演化对初始条件敏感依赖。作为后发企业，内外部环境要素剧变是推动企业组织创新从一个演化时段跨入下一个演化时段的关键。A企业组织创新演化混沌性的研究结果证实了企业组织创新演化的混沌性在个案企业中是存在的，这表明第2章的研究结果具有有效性和可操作性。

5.1.3 A企业组织创新混沌演化的影响机制分析

以A企业组织创新混沌演化过程中的每一个短暂的变革时段及其随后相对较长的收敛时段作为一个分析期，本书将其在1998—2018年的组织创新混沌演化过程划分为被动创新、保守创新、应激创新和响应创新4个混沌演化时段。基于A企业组织创新演化混沌性的判定结果，根据A企业组织创新混沌演化的实际情况，本书将进一步验证在20多年间的多层次要素对A企业组织创新混沌演化过程的影响作用。

5.1.3.1 多层次要素在被动创新混沌演化时段的影响作用分析

在20世纪80年代，受到产业政策紧缩的影响，A企业航空机电产品的需求急剧减少，在军转民政策的指导下，A企业进入汽车机电产品配套市场，但配套量一直很少。由于航空机电产品需求量小、汽车机电产品产能低、研发和技术人员严重流失、社会负担沉重，A企业陷入了持续亏损的困境。1998年，在国有企业改革和发展政策的指导下，A企业进行了资产重组。重组后的A企业引入现代企业管理制度，将发展战略由专业化重新定位为多元化，并带动了以提高汽车机电产品生产能力为目标的组织结构、生产管理流程等方面的组织创新。

虽然A企业完成了股份制改造、实现了主辅业务分离，但是高层管理者仍然深受在计划经济体制下形成的企业文化的影响。尽管这种企业文化保障了高层管理者的绝对权威，有利于组织创新自上而下地实施，但也导致高层管理者安于现状、对环境变化反应迟缓、风险容忍度低。在创新文化缺失和高层管理者创新意愿弱的影响下，A 企业组织创新各维度间匹配程度较低，例如，A 企业虽然频繁合并和拆分管理部门，但没有引入制度和管理流程创新，以明确部门职能、岗位职责以及工作流程等。因此，A 企业在这一演化时段的组织创新效果较差，如管理部门的结构调整并没有实现组织扁平化、减少冗员；生产和质量管理制度及流程创新没有落到实处，导致生产浪费严重、产品质量不稳定。

自 2000 年起，随着汽车产业的蓬勃发展，A 企业改造生产设备并优化工艺，不断完善生产管理制度和流程，使汽车机电产品生产能力不断提高，并使汽车机电产品生产逐渐成为主营业务之一。利好的市场环境使具有弱创新意愿的高层管理者专注于通过技术创新提高汽车机电产品生产能力。虽然为满足客户对企业产品质量保障能力的新要求，高层管理者推行了质量管理制度等方面的激进式组织创新，但贫乏的社会资本使他们较难通过自身的网络关系及时掌握联盟网络的变化趋势，导致这些创新对组织结构、管理流程等维度创新的带动作用有限。同时，在弱创新文化的影响下，这些质量管理方面的激进式组织创新也没能在 A 企业中贯彻实施，导致 A 企业产品质量问题一直没有得到有效解决。

5.1.3.2 多层次要素在保守创新混沌演化时段的影响作用分析

随着汽车机电产品市场竞争日益激烈，A 企业的产量优势被逐渐削弱，而产品技术和质量问题逐渐突显出来。但具有弱创新意愿的高层管理者没能把握市场变化趋势，主动采纳适应内外部环境变化的组织创新活动，导致 A 企业汽车机电产品在市场竞争中逐渐处于劣势。到 2004 年，A 企业生产经营再次陷入困境。但国家出台的鼓励小排量汽车生产政策为以小排量汽车机电产品为主导产品的 A 企业提供了难得的发展机遇。

出于对汽车机电产品收益上升的预期，A企业在坚持产品多元化的同时，仍然将战略发展重点偏向汽车机电产品的生产。为提高产品市场竞争力，A企业提出"坚持标准，保证质量，改善结构"的发展思想。在2004年年末，为提高组织运行效率、减少冗员，A企业借鉴三菱质量管理模式，将核算模式由二级核算调整为一级核算，推行集约化管理。伴随组织结构重构，A企业设计构建了业务流程体系并引入信息管理系统，促进对信息流、物流和资金流的统筹管理。A企业采用三菱质量管理模式，实行奥迪特评审，促进质量管理能力的提升。为满足客户要求，A企业通过完善现有质量管理制度和流程，完成了汽车机电产品的质量管理体系认证。

虽然经营困境提高了A企业高层管理者的创新主动性，但由于对市场发展利好的预期，高层管理者的创新意愿仍然较弱。在创新文化缺失、创新意愿较弱以及社会资本匮乏的影响下，A企业虽然精简了生产车间的管理科室，但增加了管理部门及其下一级的科室；信息化管理也集中在档案、财务等职能管理部门，组织运营效率没能得到实质提升；企业质量管理仍然流于形式，产品质量问题严重阻碍了企业发展。

在激烈的同质化市场竞争中，汽车机电产品质量不稳定、产品结构单一导致A企业在2006—2007年的收益连续出现断层式下降。自2007年起，A企业陆续实施了一系列提高产品质量的组织结构、制度和管理流程方面的创新。例如，企业引入精益生产管理模式，并进一步推进三菱质量管理模式，不断完善质量管理制度和流程，以加强对产品质量的全过程控制；在引进先进生产和试验设备、持续调整生产线工艺布局的同时，不断调整生产组织结构、完善生产管理制度和流程，以提高产品加工能力和质量保证能力等。

虽然生存和发展危机进一步提高了A企业高层管理者的创新主动性，但面对巨大的竞争压力，高层管理者很难掌握联盟网络的变化趋势，风险容忍度仍然较低，他们将注意力主要集中在技术创新方面，而为保证技术创新的顺利实施，借鉴成熟的管理模式，在汽车机电产品生产车间采纳激进式组织创新进行局部调整。但弱创新文化降低了这些激进式组织创新的执行力，阻碍了A企业的进一步发展。

5.1.3.3 多层次要素在应激创新混沌演化时段的影响作用分析

虽然国家陆续出台的汽车制造产业刺激政策带动了小排量汽车的热销，但A企业主要配套企业对其配套政策的变动，导致A企业原本销量低迷的汽车机电产品的处境进一步恶化。然而，国家对航空装备制造行业支持政策的陆续出台及A企业被中国航空工业集团有限公司纳入发展之列为A企业带来了重要的发展机遇。但由于A企业未被纳入中国航空工业集团有限公司的机电业务规划范围，为把握航空装备制造行业转型升级的机遇，A企业开始研发以高端齿轮泵、高精度管制品为代表的高科技产品。在联盟网络中上级企业的帮助下，2010年，A企业重新进行了战略定位：剥离汽车机电产品，致力于航空机电产品、高端齿轮泵等高科技产品的研发与生产。A企业配合战略转型，优化调整了组织结构，建立健全了管理制度，重组了业务流程体系，以加强规范化管理、提高组织运营效率。同时，为解决产品研发中存在的问题，A企业坚持"开发一代、研制一代、生产投入一代"的原则，加强与高校、科研院所的研发合作，尝试推行矩阵式研发组织模式，并带动了产品开发和研制管理制度创新和流程创新，以期在全力保障型号预研和研制任务按期完成的同时，加快新品研发和投产速度。

虽然A企业的高层管理者在上级企业的帮助下，实施了以战略转型为核心的一系列激进式组织创新，但利好政策的相继出台及A企业在联盟网络中重新处于较为有利的地位削弱了高层管理者的创新意愿。为按要求完成企业转型，在变革时段中高层管理者在企业内部营造鼓励创新的文化氛围，促进了激进式组织创新自上而下地推行。但高层管理者较弱的创新意愿使这种鼓励创新的文化氛围难以长久维持。尽管高层管理者推动了企业组织模式的根本性变革，但较贫乏的社会资本使高层管理者对转型后企业的发展前景仍然较为迷茫，并在弱创新意愿的影响下，他们对成熟管理模式的过度借鉴导致 A 企业的激进式组织创新并不能完全符合企业实际，降低了组织创新效能。

利用当地政府支持"南拓"的机遇，A 企业实施异地搬迁，建成具有高、精、尖生产设备及齐全检测设备的现代化数控生产线，优化生产工艺布局，按照精益生产管理模式，进一步完善了各项生产和质量管理制度和流程，以提高航空机电产品的制造和质量保障能力。自 2011 年起，为提高航空机电产品质量，A 企业持续开展产品质量整顿工作，通过技术质量攻关，对技术基础薄弱环节和质量问题进行了系统整治，不断完善质量管理制度和流程，并完成了生产资质和质量体系认证工作。为满足联盟网络对新产品的需求，配合产品创新活动的开展，A 企业在与高校、科研院所的合作研发过程中，在研发人员管理、技术管理等方面持续引入管理制度和流程创新，以加快新品研发速度。在组织创新演化的收敛时段，A 企业的组织创新演化表现为为了促进变革时段激进式组织创新的贯彻实施，持续采纳相关渐进式组织创新进行局部调整，促进组织创新系统的重新稳定。

5.1.3.4　多层次要素在响应创新混沌演化时段的影响作用分析

国务院颁布的《中国制造 2025》明确提出加大对航空装备制造行业的扶持力度，包括对航空装备研发和基础设施加大投资力度等，这为 A 企业提升装备研制水平提供了政策支持。但中国航空工业集团有限公司为了专业化生产机电产品和航电产品组建的两家企业发展迅猛，而 A 企业未被纳入中国航空工业集团有限公司的机电业务规划范围。同时国家在航空装备产品研发和订货过程中引入竞争机制，导致 A 企业航空机电产品受到较大冲击。A 企业独立设计开发能力较弱，需要与高校、科研院所等进行合作研发，但 A 企业仅对单个产品型号或项目进行测绘仿制和改进，对企业航空机电产品技术水平的提升程度有限。同时受工艺技术和员工技能的限制，航空机电产品质量制约了 A 企业快速发展。虽然 A 企业定位为非航空民品的主要战略业务单元，但受技术创新能力的制约，A 企业非航空产品的研发及生产仍处于起步阶段。

为提高航空机电产品研制水平并加快新品研发和投产速度，响应国家和联盟网络核心企业对提升航空装备制造行业整体装备技术水平的要求，A 企业在 2015 年进行了资产重组，M 研究所以专有技术出资入股。资产重组后，A 企业将战略定位调整为提升航空机电产品技术水平，大力发展高端齿轮泵等高科技产品。根据战略调整，A 企业以提高产品研制能力为核心，优化调整了组织结构，建立健全了产品研制、人力资源等方面的管理制度，设计完善了产品研制管理流程体系。A 企业的高层管理者为满足技术创新发展的需要，利用自身较为丰富的社会资本，把握行业发展方向，调整战略定位，并在组织结构、管理制度和管理流程等方面推行了激进式组织创新，在一定程度上促进了技术创新的推行。但弱创新意愿使高层管理者缺乏对符合 A 企业实际的新颖产品研发组织模式的探索和引入，并且受重技术轻管理的弱创新文化的影响，A 企业采纳的激进式组织创新并没能贯彻执行。

自 2016 年起，在政策规则和联盟网络核心企业对加快推动产业技术升级决定的指引下，A 企业锁定发展方向，与 M 研究所共同组建多个项目研发团队，共同攻克产品技术和生产工艺方面的技术难题。A 企业在与 M 研究所合作的过程中，借鉴其研发组织模式，对自身研发模式进行了适应性调整。在响应创新混沌演化的收敛时段，为响应政策规则和联盟网络变化，A 企业的高层管理者专注开展技术创新活动。而 A 企业组织创新演化表现为持续采纳相关的小规模激进式组织创新和渐进式组织创新对现有产品研发模式进行局部调整，以促进技术创新能力的提升。

综上分析，根据 A 企业组织创新混沌演化过程中多层次要素对组织创新混沌演化影响作用的分析结果，本书在揭示 A 企业组织创新混沌演化影响机制的同时，进一步证实了多层次要素对组织创新混沌演化的影响作用存在于个案企业组织创新混沌演化过程中，前面基于样本企业整体提出的 HEM 企业组织创新混沌演化影响机制的研究结果是正确合理的，并且能够应用到 HEM 企业组织创新管理实践当中。

5.1.4　A 企业组织创新混沌演化的驱动机制分析

基于多层次要素对 A 企业组织创新混沌演化影响作用的验证结果，根据第 4 章提出的驱动 HEM 企业组织创新混沌演化的必要条件和多层次要素构型，本书将进一步验证 A 企业组织创新混沌演化的驱动机制。

5.1.4.1　多层次要素构型在被动创新混沌演化时段的驱动作用分析

在被动创新混沌演化时段，虽然 A 企业在联盟网络中处于不利地位，并且经营持续处于困境，但政策规则剧变才是驱动 A 企业组织创新演化的外部动力。在政策规则的指导下，A 企业推行了产品多元化的战略创新和组织结构重构。战略再定位推动了以工艺创新为主导的技术创新，而技术创新进一步带动了与产品生产直接相关的渐进式管理制度和流程创新。但在高层管理者创新意愿弱、创新文化缺失的影响下，A 企业很难控制组织创新的演化方向。在战略和组织结构方面的激进式组织创新是组织创新混沌演化的序参量，对其他维度创新的带动作用有限，组织创新各维度之间的匹配程度较低、创新效能较差。虽然客户对企业产品质量保障能力的新要求推动了 A 企业生产设备技术改造以及相关的质量管理制度方面的激进式组织创新，但由于高层管理者更为关注技术创新以提高产品生产能力，在高层管理者创新意愿弱、社会资本贫乏及创新文化缺失的影响下，它们并没有成功得以推行，对组织结构创新、管理流程创新等维度的带动作用有限，组织创新效能较差。因此，在被动创新混沌演化时段，驱动 A 企业组织创新混沌演化的多层次要素组合为：政策规则 *~ 联盟网络 * 组织规模 *~ 创新文化 * 技术创新 *~ 高层管理者的社会资本，如表 5-4 所示。根据前面的分析，通过对比第 4 章提出的 4 种多层次要素构型，驱动 A 企业这一时段组织创新混沌演化的多层次要素组合可以归类为多层次要素构型 4：政策规则 *~ 联盟网络 * 组织规模 *~ 创新文化。

表 5-4　多层次要素构型对 A 企业组织创新混沌演化的驱动作用

演化时段	影响要素					
	政策规则	联盟网络	组织规模	创新文化	技术创新	高层管理者的社会资本
被动创新	●	⊗	•	⊗	•	⊗
保守创新	⊗	●	⊗	⊗	●	⊗
应激创新	●	●	⊗	•	●	⊗
响应创新	●	●	⊗	⊗	⊗	•

注：1. ●表示该要素为核心要素出现，•表示该要素为外围要素出现。
　　2. ⊗表示该要素为核心要素不出现或非，⊗表示该要素为外围要素不出现或非。
　　3. "空白"表示该要素可以出现，也可以不出现。

5.1.4.2　多层次要素构型在保守创新混沌演化时段的驱动机制分析

在保守创新混沌演化时段，在联盟网络中的不利地位使 A 企业面临生存和发展的危机，因而联盟网络剧变是 A 企业组织创新混沌演化的主要外部驱动力。联盟网络的动荡多变推动了以提高组织运营效率、提升产品质量为目标的组织结构和管理流程创新。但国家出台的产业支持政策降低了 A 企业高层管理者的变革紧迫感。面对生产经营困境，贫乏的社会资本使高层管理者较难通过自身的网络关系掌握联盟网络的发展趋势，并且高层管理者的风险承担意愿较低、企业创新文化缺失，导致 A 企业虽然推动了重构组织结构、引入了信息化管理和三菱质量管理模式等激进式组织创新活动，但都流于形式，A企业的运营能力没有得到实质性提升。组织结构和管理流程方面的激进式组织创新是这一时段A企业组织创新混沌演化的序参量，但它们对其他创新维度的影响作用有限，仅带动了局限在部分生产部门，配合技术创新推行的小规模激进式组织创新，这些创新之间的匹配程度较低、创新效能较差。因此，在保守创新混沌演化时段，驱动A企业组织创新混沌演化的多层次要素组合为：~政策规则*联盟网络*~组织规模*~创新文化*技术创新*~高层管理者的社会资本，如表5-4所示。根据前面的分析，通过对比第4章提出的4种多层次要素构型，驱动A企业这一时段组织创新混沌演化的多层次要素组合可以归类为多层次要素构型3：~政策规则*联盟网络*技术创新*~高层管理者的社会资本。

5.1.4.3　多层次要素构型在应激创新混沌演化时段的驱动作用分析

在应激创新混沌演化时段，政策规则变动、A企业在联盟网络中地位的变化及A企业产品创新对新组织模式的需求，共同推动了A企业组织创新混沌演化。A企业在联盟网络中上级企业的帮助下，推行了战略转型、组织结构重构、业务流程重组及管理制度改革等一系列激进式组织创新。为了实现快速转型，A企业的高层管理者在组织内部积极营造鼓励创新的文化氛围，并促进了激进式组织创新自上而下地推行。但在高层管理者较弱创新意愿的影响下，这种氛围很难在企业内部长久维持。在这一创新演化时段，战略转型和研发组织结构创新是组织创新演化的序参量，它们共同带动了其他维度的激进式组织创新。在应激创新混沌演化时段，企业组织创新4个维度之间及组织创新与技术创新之间的匹配程度均高于前两个演化时段。但高层管理者较弱的创新意愿及其较为贫乏的社会资本使A企业仍然不能有效控制组织创新演化。因此，在应激创新混沌演化时段，驱动A企业组织创新混沌演化的多层次要素组合为：政策规则*联盟网络*~组织规模*创新文化*技术创新*~高层管理者的社会资本，如表5-4所示。根据前文的分析，通过对比第 4 章提出的 4 种多层次要素构型，驱动 A 企业这一时段组织创新混沌演化的多层次要素组合可以归类为多层次要素构型 2：政策规则 * 联盟网络 * 技术创新。

5.1.4.4　多层次要素构型在响应创新混沌演化时段的驱动作用分析

在响应创新混沌演化时段，政策规则和联盟网络的变化共同推动了 A 企业以提升产品创新能力为核心的一系列激进式组织创新。高层管理者利用自身较为丰富的社会资本，把握行业发展方向，通过开展激进式组织创新活动，形成了促进产品创新创生的内部社会环境和组织基础，在一定程度上促进了以产品创新为主导的技术创新的引入。因此，在这一演化时段，激进式组织创新与技术创新之间的关系表现为激进式组织创新推动了技术创新，尤其是产品创新的采纳，战略调整和产品研发组织结构创新带动了其他创新维度的激进式组织创新，组织创新各维度之间匹配程度高于前三个时段。但弱创新意愿限制了高层管理者对适合企业发展的新颖产品研发组织模式的探索和引入，并且受重技术轻管理的弱组织创新文化的影响，这些激进式组织创新并没能贯彻执行。因此，在响应创新混沌演化时段，驱动 A 企业组织创新混沌演化的多层次要素组合为：政策规则 * 联盟网络 *~ 组织规模 *~ 创新文化 *~ 技术创新 * 高层管理者的社会资本，如表 5-4 所示。根据前面的分析，通过对比第 4 章提出的 4 种多层次要素构型，驱动 A 企业这一时段组织创新混沌演化的多层次要素组合可以分别归类为多层次要素构型 1：政策规则 * 联盟网络 *~ 创新文化。

综上分析，根据 A 企业组织创新混沌演化 4 个时段中企业组织创新混沌演化驱动机制的验证结果，进一步验证了驱动 HEM 企业组织创新混沌演化的必要条件和多层次要素构型在个案企业组织创新混沌演化过程中是存在的，具体化了第 4 章已经提出的基于样本企业整体的 HEM 企业组织创新混沌演化的驱动机制，从而验证了 HEM 企业组织创新混沌演化驱动机制的研究结果应用于 HEM 企业组织创新管理实践的可行性。

5.2 企业组织创新混沌演化机制的多案例分析

本书选择 HEM 业不同子行业中的 4 家典型企业，并在 2019 年 3 月—2019 年 6 月，综合运用文件查阅和访谈法对这 4 家案例企业近 3～5 年的组织创新演化情况资料进行收集和整理。本节将基于 4 家案例企业的调研资料，验证 4 家案例企业组织创新混沌演化机制，以进一步验证前文研究结果的实践合理性与普适性。

5.2.1 企业组织创新混沌演化影响机制的多案例分析

依据第 3 章提出的影响 HEM 企业组织创新混沌演化的环境、组织和个体三层次要素，本书将进一步验证 4 个案例企业组织创新混沌演化的影响机制。

5.2.1.1 B 企业组织创新混沌演化的影响机制分析

B 企业仅成立 10 多年，是在国家颁布的"十二五"规划纲要，以及地方政府颁布的《广东省航空产业发展规划（2010—2025）》《珠江三角改革发展规划纲要》《珠海航空产业园发展规划》等一系列政策规则的大力扶持下，迅速成长起来的航空装备制造企业。在"两年打基础、五年树品牌、十年立大业"的经营思想指导下，B 企业成立后仅用了两年时间就建成了能够承载装备产品型号研发、制造、运营等的基础设施及平台。在相关政策和联盟网络上级企业的支持下，通过资源整合，B 企业专注推行产品型号研发与制造技术创新，并在 5 年内完成了多型号航空装备产品的研制，并形成了自身装备产品的谱系。同时，随着工艺创新的不断推行，B企业不但加快了型号产品进入市场的速度，也获得了较好的运营效益。

随着中国国民经济快速发展和综合实力不断增强，国内市场对航空运输和通用航空服务的需求也在快速增长，这为航空装备制造业的转型升级提供了广阔的市场空间。但航空装备制造业的竞争具有全球性的特点，中国航空装备制造企业需要与国外航空装备制造强企同台竞技。

中国政府颁布的《中国制造2025》明确提出了加大对航空产业的扶持力度，包括对航空装备研发和基础设施加大投资力度，实施驱动航空装备制造业创新升级的重大专项及重大工程等。同时，在2016年，中国航空工业集团有限公司党组发布的《关于加快通用航空产业发展的决定》提出了加快通用航空产业发展的战略部署。在政策规则和联盟网络上级企业的指引下，B企业锁定发展方向，提出以市场需求为牵引，创新通航运营模式，加强核心能力建设，助推研发主业发展，确保实现商业成功等目标。

为了促进技术创新的开展，B企业提出了"聚焦·创新"的战略发展目标，其中聚焦是指业务、市场、产品和资源聚焦，而创新包括科技、体制机制和商业创新。配合战略调整，参考国际先进通航企业的组织模式，B企业在组织架构、管理制度及流程等方面引入激进式组织创新。在"一总体、两中心、三基地"的组织结构基础上，B企业对部门层级、权责利安排等方面进行了重构和调整。在管理制度创新方向，B企业同时推行领导力工程和员工能力工程，并引入市场化薪酬体系和人才激励措施；在流程创新方面，B企业以信息网络为平台，为保障并行项目研制工程的推进，以精益化管理制度为基础，优化流程设计，将研发、制造、生产管理有机融合，促进企业装备产品的低成本研制能力不断提升。

面对外部环境的变化，高层管理者利用自身较为丰富的社会资本，把握行业发展方向，调整战略定位，并在组织结构、管理制度和管理流程等方面推行激进式组织创新，形成促进技术创新创生的内部社会环境和组织基础。组织创新各维度的协同程度较高，在一定程度上促进了企业技术创新活动的开展。但政策规则与联盟网络上级企业的持续支持降低了高层管理者采纳、探索新型组织模式的意愿，过于照搬成熟组织模式，并且受重技术轻管理的弱组织创新文化的影响，这些激进式组织创新并没能贯彻执行。

5.2.1.2 C企业组织创新混沌演化的影响机制分析

C企业成立于20世纪80年代初期，是从事航天重点型号试制、军队装备批生产及军贸产品出口等业务的航天装备制造企业。经过近40年的发展，C企业拥有多条覆盖多个专业技术领域的生产线，并形成了较强的装备产品的研制能力。C企业是其所属研究院仅有的将制造与总装集成于一体的企业，其型号装备产品主要供给所属研究院、军方与其他国家的外贸订单。

由于航天装备产品的特殊性，我国政府连续出台了一系列政策大力支持航天装备制造业的升级和发展。而在市场竞争方面，虽然部分优秀民品生产企业逐步得到许可并开始进入军品市场，但军品市场仍然是现有军工企业的天下。因此，C企业的竞争对手数量相对较少，且均为隶属于其他航天研究院的同类企业。随着国际局势与国家对现代化航天装备产品需求的变化，C企业的型号产品研制任务也发生了明显变化，呈现增长趋势。C企业已经由单型号小批量产品研制发展为多型号并行的大批量产品研制，对C企业的研制能力提出了挑战。为了应对挑战，C企业高度重视技术创新，投入专项资金积极推行装备产品技术研发与工艺改良。同时，为保障装备产品的高质量和高可靠性，C企业投入大量经费引进制造新的和改进的型号装备产品所需的先进设备，然而随着技术创新的不断推进，其组织管理问题不断突显，急需企业变革生产组织模式，加强对内外资源的整合与利用，与以制造为主向制造与服务相结合的战略转型相匹配。

为解决企业完成型号任务和技术创新过程中的组织管理问题，具有较丰富社会资本的高层管理者引入了外来者的观点，与科研机构合作，对企业组织结构、成本管理等课题进行深入研究，并提出了组织变革方案。在组织结构方面，根据战略转型的要求，C企业重构了组织结构，增加了与科研生产相关性较强的部门，精简了部分与科研生产相关性较弱的机关部门；在管理制度方面，C企业在强调质量管理方面制度设计和完善的基础上，对薪酬与晋升等人力资源管理制度进行了重新设计；在管理流程创新方面，C企业对原材料采购、产品研制、物流运输与日常管理等方面的流程进行了设计和完善，构建了企业管理流程体系，并引入了符合企业特点的财务管理信息系统，有效集成企业了各方面的信息，以帮助企业加强成本控制。

具有弱组织创新意愿的高层管理者虽然重视在企业中营造鼓励组织创新的文化氛围，以减小创新阻力，但随着组织创新的深入推行，高层管理者的注意力转移到企业技术创新方面，这种鼓励组织创新的文化氛围并没有在企业内部长期维持，没能为激进式组织创新的全面推行提供有效的支持。C企业引入的一系列激进式组织创新并没有得到全面实施，阻碍了企业技术创新能力的进一步提升。

5.2.1.3　D企业组织创新混沌演化的影响机制分析

D企业作为中国铁路物资股份有限公司的全资子公司，是对原有铁路装备业务和铁路线路业务整合重组后，于2016年成立的服务于铁路与城市轨道交通市场的、集铁路轨道装备供应和技术服务等业务于一身的专业企业。D企业自成立以来着力拓展铁路装备产品供应与技术服务、铁路产品生产和集成供应、铁路线路运营维护、钢轨供应链集成服务等方面的业务，并在积极引进先进技术的基础上，加强自主研发，以提高自身装备技术和综合服务水平，力求成为世界轨道产业的综合服务领域中的领先者。

随着"一带一路"倡议的不断推进，高铁已经成为交通运输体系的重要一环。中国高铁相关产业"走出去"的步伐越来越快，并以较高的性能、技术、安全性等在国际市场享有良好的声誉。"一带一路"倡议为D企业的"走出去"奠定了良好的政治基础。同时,《中国制造2025》明确提出推动先进轨道交通装备发展,指引D企业在技术引进的同时重视自主创新,不断提升自身技术创新能力,填补国内相关领域空白,并且打造一流的业务团队和设施设备基础。

中国铁路线路和装备行业的进入壁垒非常高,严格实行国家铁路局生产许可制度。只有获得国家铁路局的认可与批准的企业才能进入该行业,并且企业设计和生产的铁路装备产品在正式进入市场前需要经过国家铁路局的严格审批,同时对生产环节也有着严格的质量认证制度及质量监督和验收标准。在短时间内,国内市场的竞争格局不会发生变化,但随着"一带一路"倡议的推进,D企业会与实力强劲的国外企业在国际市场中展开激烈竞争。因此,D企业的市场竞争压力来自国际市场。

在"十三五"期间,以产业布局调整为契机,D企业的高层管理者在企业内部营造鼓励创新的文化氛围,提出了打造产业内"一流""第一""唯一"的业务群与业务团队的战略愿景,并形成了铁路轨道产品生产、铁路装备产品生产及铁路线路运营维护三大主营业务。为了提升铁路轨道产品和铁路装备产品质量及技术服务水平,D企业引入钢轨大数据智能处理、互联网云平台等在线管理技术,构建并不断完善了钢轨全寿命管理平台,促进了供应链中钢轨生产商、铁路运营商、物流提供商和钢轨修理技术提供商等成员的有效整合。同时,D企业以钢轨全寿命管理平台为依托,应用"互联网+"技术推进组织结构重构并对全系统业务流程进行重组,以实现钢轨供应链集成服务能力与铁路运营维护集成服务能力的不断提升,并构建轨道产业综合服务生态体系。但具有较低组织创新意愿的高层管理者缺乏参与国际竞争的商业资本,导致D企业在组织结构、制度等方面的激进式组织创新与激进式战略创新不完全匹配,降低了企业激进式组织创新效能。

5.2.1.4　E 企业组织创新混沌演化的影响机制分析

E 企业是中国重型机床龙头企业之一，成立于 1950 年并于 2007 年经历了并购重组。它的高端装备产品更突出"重"字，其主导产品均为重型和超重型类机床，并广泛应用在航空、航天、轨道交通、造船、核电等国家重点行业中。经过 70 年的建设和发展，E 企业作为中国重型机床与锻压设备的主要生产基地之一，对推动中国重型机床技术的改良与升级起到了重要作用。

自 2010 年起，国内重型数控机床制造业持续低迷，尤其在 2014 年，国内重型数控机床制造企业的生产、销售水平出现断崖式下降，仅相当于 2011 年的一半，一些机床制造企业甚至处于半停产或完全停产的状态。低端重型数控机床的需求量下降幅度很大，产品产能过剩，但中高端重型数控机床的需求量却稳步上升，特别是高速、高精、高效与智能型机床的需求量增加更为明显，并且未来中高端重型数控机床的市场份额将进一步增加。重型数控机床生产和消费的结构性矛盾更加突出。市场需求结构的显著变化使 E 企业面临着主导产品产能严重过剩而新产品开发不足的危机。

国内主要的重型数控机床制造企业大多是经历了资产重组的原政府直属的机床生产厂。与国内同类企业相比，E 企业生产和管理等实力均较强，在市场竞争中较具优势。而与国外同类企业相比，E 企业虽然在价格和制造能力上具有一定优势，但重型数控机床的核心系统和部件依赖进口，仍不具备设计和生产机床数控系统和配套核心功能部件的能力。同时，E 企业在制造工艺质量与水平上与国外先进企业的较大差距也使其生产的机床产品在性能、精度、使用寿命与可靠性等方面仍逊于国外先进企业。

《中国制造 2025》将高端数控机床作为战略任务和重点之一，提出组织研发具有深度感知、智慧决策、自动执行功能的高端数控机床等高端智能制造装备，开发高端数控系统、轴承、伺服电机等关键应用软件与主要功能部件并加快装备产业化。这为 E 企业以技术创新为突破口，调整产品结构，摆脱经营困境提供了支撑。

在政策指导下，E 企业进行了战略调整，提出在产品研发方面，瞄准市场需求，以国家科技重大专项为依托，以实现高速、高精和高可靠性为目标，针对航空、航天等领域研发新产品，加大卧车风电主轴系列产品的开发力度，并进一步提升现有立车、卧车、深孔钻系列产品的技术水平。为配合战略调整，利用"北迁南建"机遇，E 企业按照"购进一批、自制一批、改造一批、淘汰一批"的原则，对生产设备进行升级改造，将生产设备直接从中低端提升到高端智能型，实现了生产资源整合，提高了产品生产工艺制造水平。同时，E 企业推进精细化管理模式，全面实施 6S 管理，并开展质量精品工程，进一步完善了各项生产和质量管理制度和流程。

E 企业是混合所有制企业，依托民营企业机制，重组后逐步引入并完善了现代企业管理模式。但 E 企业仍然没有摆脱原有计划经济体制的束缚，高层管理者对环境变化反应迟缓、回避风险、安于现状。较低的创新意愿使高层管理者即使在面对市场环境剧烈变化时，也会回避激进式组织创新，退而求其次地选择渐进式组织创新。但由于高层管理者的双重身份，政策规则的变化会促使他们主动采纳相关激进式组织创新。而较贫乏的社会资本使高层管理者很难掌握在联盟网络剧变中重新获得优势的关键。在弱创新文化的影响下，E 企业的战略转型缺乏组织结构、管理制度和流程的协同创新，例如，缺乏符合企业情况的研发模式的引入，导致研发能力的不足，过度依赖技术引进；缺乏引入符合企业实际的生产和质量管理等方面的激进式组织创新，阻碍了产品质量的提升并导致过量库存等。

综上分析，环境、组织与个体三层次要素对 4 家 HEM 企业组织创新混沌演化影响作用的验证结果，不但揭示了典型案例企业组织创新混沌演化的影响机制，而且进一步证实了在多案例企业中多层次要素对组织创新混沌演化的影响作用是存在的，这表明第3章基于样本企业整体提出的HEM企业组织创新混沌演化影响机制的研究结果是正确合理的，并且可以在HEM企业组织创新管理实践当中应用。

5.2.2 企业组织创新混沌演化驱动机制的多案例分析

在验证4家案例企业组织创新混沌演化影响机制的基础上，依据第4章提出的驱动HEM企业组织创新混沌演化的必要条件和多层次要素构型，进一步验证多案例企业组织创新混沌演化的驱动机制。

5.2.2.1 B企业组织创新混沌演化的驱动机制分析

为了迅速形成型号装备产品的研制能力，B企业努力整合内外资源，获得装备产品研制所需的新技术、新工艺等，通过对引进技术的消化、吸收和再创新，不断提高自身的装备技术水平和技术创新能力。但随着全球化竞争的日益激烈，B企业与国外航空装备制造强企之间巨大的技术差距，使其在竞争中处于劣势。技术创新是B企业实现转型升级的关键。政策规则加大了对B企业装备产品和工艺等方面技术创新的支持力度，但也对B企业的业务、市场、产品等方面的发展提出了新要求。面对外部环境的变化，为了进一步促进先进技术的引进、消化和吸收，并不断提升B企业的自主创新能力，高层管理者利用自身较丰富的社会资本，采纳各维度协同性较高的大规模激进式组织创新，以形成促进技术创新创生和实施的内部社会环境和组织基础。这些激进式组织创新在一定程度上促进了企业技术创新活动的开展。但较低的创新意愿使高层管理者过于照搬成熟组织管理模式，导致这些组织创新不能完全适合B企业的发展要求，并在弱组织创新文化的影响下，这些组织创新没能贯彻执行。因此，驱动B企业的组织创新混沌演化的多层次要素组合为：政策规则*联盟网络*组织规模*~创新文

化 *~ 技术创新 * 高层管理者的社会资本，如表 5-5 所示。根据前文的分析，通过对比第 4 章提出的 4 种驱动 HEM 企业组织创新混沌演化的多层次要素构型，驱动 B 企业组织创新混沌演化的多层次要素构型可以归类为多层次要素构型 1：政策规则 * 联盟网络 *~ 创新文化。

表 5-5　案例企业组织创新混沌演化的多层次影响要素构型

案例企业	影响要素					
	政策规则	联盟网络	组织规模	创新文化	技术创新	高层管理者的社会资本
B 企业	●	●	•	⊗	⊗	•
C 企业	●	●	⊗	•	●	•
D 企业	⊗	●	•	•	●	⊗
E 企业	●	⊗	•	⊗	⊗	⊗

注：1. ●表示该要素为核心要素出现，•表示该要素为外围要素出现。

2. ⊗表示该要素为核心要素不出现或非，⊗表示该要素为外围要素不出现或非。

3. "空白"表示该要素可以出现，也可以不出现。

5.2.2.2　C 企业组织创新混沌演化的驱动机制分析

在 C 企业组织创新混沌演化过程中，政策规则变动与联盟网络对 C 企业的高端装备产品的需求由单型号小批量转变为多型号并行的大批量研制，共同推动了 C 企业以工艺创新为主导的技术创新，但由于缺乏与之相匹配的组织结构、管理制度和管理流程等方面的创新，导致不断突显的组织管理问题阻碍了技术创新的全面推进。具有弱组织创新意愿的高层管理者，虽然在 C 企业中营造鼓励创新的氛围，利用自身较为丰富的社会资本，根据战略发展需要，推动组织结构、管理制度和管理流程等方面的激进式组织创新，以保证技术创新的顺利实施。但这种鼓励创新的文化氛围，在组织创新自上而下的推行过程中，随着具有弱组织创新意愿的高层管理者注意力的转移，并不会长久维持，并未能为组织创新的全面实施提供保障，导致企业的组织创新方案没有全面推行，组织创新效能较低。因此，驱动 C 企业组织创新混沌演化的多层次要素组合为：政策规则 * 联盟网络 *~ 组织规模 * 创新文化 * 技术创新 * 高层管理者的社会资本，如表 5-5 所示。根据前文的分析，通过对比第 4 章揭出的 4 种驱动 HEM 企业组织创新混沌演化的多层次要素构型，驱动 C 企业组织创新混沌演化的多层次要素构型可以归类为多层次要素构型 2：政策规则 * 联盟网络 * 技术创新。

5.2.2.3　D 企业组织创新混沌演化的驱动机制分析

政策规则的持续支持使 D 企业政策环境不确定性较低，但联盟网络的变化冲击了 D 企业的组织创新系统。处于蜕变阶段的 D 企业，在重组后，为应对环境变化，提出了新的战略愿景，改革了原有铁路板块业务与装备板块业务，并充分利用优势资源，重新打造三大主营业务。为提升铁路轨道产品和铁路装备产品质量及技术服务水平，根据战略发展需要，D 企业构建并不断完善钢轨全寿命管理平台，并以其为依托，应用"互联网+"技术推进组织结构重构并对全系统业务流程进行重组，并构建轨道产业综合服务生态体系。D 企业的高层管理者在企业内部营造鼓励创新的文化氛围，促进与技术创新相协同的激进式组织创新的采纳。激进式战略创新带动了组织结构、管理流程与制度方面的激进式组织创新。但由于具有低组织创新意愿的高层管理者缺乏参与国际竞争的商业资本，导致 D 企业在组织结构、制度等方面的激进式组织创新与激进式战略创新并不完全匹配，降低了企业激进式组织创新效能。因此，驱动 D 企业组织创新混沌演化的多层次要素组合为：~ 政策规则 * 联盟网络 * 组织规模 * 创新文化 * 技术创新 *~ 高层管理者的社会资本，如表 5-5 所示。根据前文的分析，通过对比第 4 章提出的 4 种驱动 HEM 企业组织创新混沌演化的多层次要素构型，驱动 D 企业组织创新混沌演化的多层次要素构型可以归类为多层次要素构型 3：~ 政策规则 * 联盟网络*技术创新*~高层管理者的社会资本。

5.2.2.4 E企业组织创新混沌演化的驱动机制分析

由于缺乏高端装备产品技术，E企业在激烈的市场竞争中处于不利地位，但具有低创新意愿的高层管理者仍然回避激进式组织创新，退而求其次地选择渐进式组织创新。由于E企业在行业中处于重要地位，政府支持和帮助E企业开展技术创新、调整产品结构，以带动整个行业的技术升级。在E企业组织创新混沌演化过程中，政策规则是E企业组织创新混沌演化的首要驱动力。由于高层管理者的双重身份，政策规则的剧变迫使具有弱创新意愿的高层管理者推动了"提升中端产品，发展高端产品"的战略转型。但弱创新文化、高层管理者的弱创新意愿和较贫乏社会资本导致E企业创新靠支持、发展靠推动。E企业较难控制组织创新的演化方向，在战略方面的激进式组织创新对其他维度创新的带动作用有限，导致激进式组织创新各维度之间的匹配程度较低，创新效能较差。战略转型带动了以工艺创新为主导的技术创新，但这些技术创新源自资源的大量投入，缺乏与之相配合的组织结构、管理制度和流程的激进式组织创新，并没有促进E企业技术创新能力和运营效率的实质性提升。因此，驱动E企业组织创新混沌演化的多层次要素组合为：政策规则*~联盟网络*组织规模*~创新文化*~技术创新*~高层管理者的社会资本，如表5-5所示。根据前文的分析，通过对比第4章提出的4种驱动HEM企业组织创新混沌演化的多层次要素构型，驱动E企业组织创新混沌演化的多层次要素构型可以归类为多层次要素构型4：政策规则~联盟网络*组织规模*~创新文化。

综上分析，4家典型HEM企业组织创新混沌演化驱动机制的验证结果不但进一步验证了多层次要素构型对HEM企业组织创新混沌演化的驱动作用在多案例企业中是存在的，并且将第4章已经提出的基于样本企业整体的HEM企业组织创新混沌演化驱动机制具体化到了多案例企业中，从而证实了HEM企业组织创新混沌演化驱动机制的研究结果是可以应用到 HEM 企业组织创新管理实践当中的。

5.3 HEM 企业组织创新混沌演化的控制策略

根据前面对 5 家案例企业组织创新混沌演化机制的验证结果，为有效控制企业组织创新演化的混沌性，HEM 企业应重视降低内外部环境要素对自身组织创新演化的压力。对于影响企业组织创新混沌演化的环境、组织与个体三层次要素，组织和个体两层次要素是 HEM 企业可以直接控制和改变的，而这两层次要素与环境要素是相互影响、相互作用的。HEM 企业有效管理组织和个体两层次要素，不但可以降低这两层次要素对企业组织创新演化的压力，还能够缓解环境要素变化对企业组织创新演化的冲击。因此，本书主要从 HEM 企业角度，提出企业组织创新混沌演化的控制策略。

5.3.1 提升高层管理者的创新意愿

作为推动装备制造业转型升级的重要引擎，HEM 企业的发展受到政府的广泛关注和大力支持。基于与政府特殊的关系，HEM 企业可以较快获知政策规则的变化，并做出相应调整，也能够从政府部门获取较多的资源倾斜和政策支持。HEM 企业的高层管理者具有双重身份，不仅肩负经济责任，更担负着政治使命。他们对政策规则的变化更为敏感，其在企业战略、组织结构等方面对一些激进式组织创新的采纳会直接受到政策规则变化的影响和制约。在 HEM 企业中引入并全面推行与技术创新相匹配的新颖组织模式，需要高层管理者由"企业官员"真正地转变为"企业家"。而这种转变没有政策规则环境的支持是不可能成功的。

政府应坚决进行职能转型，为 HEM 企业组织创新创造一个相对宽松的政策规则环境。政府在 HEM 企业发展过程中，应从管理者角色转变为支持者，重视与鼓励 HEM 企业高层管理者的组织创新行为，减少对其创新意愿的限制，为 HEM 企业的转型升级培育适应新竞争形势的企业家。同时，政府要建立和不断完善有利于高层管理者创新意愿提升的制度体系，通过市场化、法制化、自由化的制度体系为企业高层管理者发挥主观能动性提供必要的政策驱动力。而企业高层管理者也应克服长期以来对政府的习惯性依赖，健全企业家人格，敢于冒险，勇于创新。

创新意愿是 HEM 企业高层管理者被新组织模式吸引，秉承克服一切困难的坚定信心，在推动大规模激进式组织创新，执着追求新组织模式过程中，所表现出来的内在心理特质。创新意愿与高层管理者自身的能力水平密切相关。为培育和提高创新意愿，高层管理者需要不断提升自身的战略领导力、资源整合力、团队影响力和精神感召力。在行业转型升级的重要时期，HEM 企业的高层管理者需要不断强化自身的创新精神与冒险精神，以身作则，积极推动激进式组织创新的采纳和全面推行，帮助企业摆脱僵化思想，打破因循守旧，去除浮躁和急功近利，实现企业组织创新与技术创新的协同发展，形成并不断提升企业核心竞争力。

5.3.2　加强高层管理者的社会资本积累

根据前面案例研究的结果，HEM 企业高层管理者的社会资本对企业组织创新演化具有重要影响，HEM 企业应着重从以下 3 个方面加强高层管理者的社会资本积累。首先，高层管理者应不断拓展和优化自身的关系网络。政策规则和联盟网络变动对 HEM 企业组织创新混沌演化均具有重要影响。高层管理者应重视不断发展和维护与政府部门、联盟网络中核心企业的良好关系。良好的政治社会资本使高层管理者能够及时掌握政府对行业政策调整的最新情况、争取政府对企业的政策支持，并根据企业发展实际，适时采纳激进式组织创新，以促进技术创新活动的开展，形成并提升企业的核心竞争能力。而与联盟网络中核心企业建立良好关系，不但可以减少交易成本，还可以加强风险共担的意愿，在一定程度上降低市场不确定性带来的风险。高层管理者还可以通过参加有影响力的行业协会等，不断拓展自身的关系网络。其次，高层管理者应维护并不断提升自身的信誉水平。HEM 企业高层管理者社会资本的基础是他们的社会关系网络，而发展和维护这些关系网络需要高层管理者的行为符合社会群体规范。如果高层管理者利用信息不对称欺骗关系网络中的其他成员，如造假、侵占知识产权等，都会使关系网络受损，并为关系网络的稳固与进一步扩展留下隐患。为了提高信誉水平，高层管理者应不断提升自身素质和社交能力，遵纪守法，积极参加政府和行业会议、活动及社会公益活动，在关系网络中和在社会公众面前都树立良好的个人形象，并通过各种关系网络将良好形象进一步向社会传递，促进关系网络的扩展。最后，高层管理者对社会关系网络的发展应是有的放矢的。HEM 企业高层管理者统筹管理整个企业的运营活动，工作量较大，而其精力是有限的，因此，高层管理者不能将全部精力投入关系网络的维护和发展。高层管理者对关系网络的扩展，应以企业目前和未来经营发展需要为依据，并根据关系网络成员对企业发展的影响程度对关系网络成员划分重要性等级，并针对不同重要性等级的关系网络成员采取不同的关系维护和发展策略。

5.3.3　营造鼓励组织创新的文化氛围

企业文化潜移默化地影响着身处其中的各级管理者和员工的创新思维和行为，但 HEM 企业对创新文化的建设程度较低，没能激发成员组织创新的自主性和积极性，也缺乏对激进式组织创新采纳的导向、凝聚和约束等作用。根据前面案例研究的结果，创新文化对 HEM 企业组织创新混沌演化具有重要影响，因此 HEM 企业应加强创新文化建设。创新文化是 HEM 企业文化的核心，HEM 企业需要通过长期持续的文化建设工作，才能将它内化到每位成员的思维中。当成为企业成员价值观的重要组成部分并指导其行为时，创新文化才能真正起到鼓励创新采纳、保障创新实施的作用。但从前面的案例研究结果可以发现，HEM 企业高层管理者在企业内部营造的鼓励创新的文化氛围，促进了激进式组织创新的采纳。因此，高层管理者在提升自身创新意愿的同时，应在企业中营造鼓励创新的文化氛围，并在坚实的人力资源基础上逐步凝练出创新文化。

笼罩在企业运营环境中的无形的创新文化氛围，能够感染企业成员的思维和行动，并使其逐渐自愿将创新文化升华成价值观念。鼓励创新的文化氛围能够熏陶创新意识、锤炼创新精神，促进新颖想法和观念的产生，并有助于其在企业中的成功推行。创新文化的缺失使在 HEM 企业中营造鼓励创新的文化氛围变得非常重要和迫切。创新意味着将新的思想、理念与方法等引入企业，而激进式组织创新更是对现有组织模式的巨大冲击。创新的采纳不可避免地存在着风险。但畏惧风险、回避创新的企业很难实现持续发展，只有敢于创新并合理控制风险的企业才能在竞争中立于不败之地。HEM 企业应鼓励成员在高端装备产品研制过程中敢于冒险、勇于创新，并根据企业发展需要探索适合的组织创新方案。较高的不确定性可能导致创新失败，HEM 企业应容忍成员在组织创新过程中的失败和错误，尤其是高层管理者要有勇于承担责任的胸襟，并注重不断增强成员的创新信心与创新热情。HEM 企业应在组织内部形成并持续维护倡导创新意识、激发创新思维、鼓励创新行动、包容创新风险的鼓励创新的文化氛围，不但能为企业组织创新活动源源不断地提供智力支持和精神动力，并且能够逐渐凝聚创新精神，使其进一步升华为企业的创新文化。

5.3.4 加强组织创新与技术创新的协同

根据前面案例研究的结果，HEM 企业的组织创新明显滞后于技术创新，并严重阻碍了技术创新的成功实施和企业运营效率的提升。因此，技术创新是 HEM 企业组织创新混沌演化的主要驱动力之一。HEM 企业正处于转型升级的重要阶段，这就要求 HEM 企业通过组织创新与技术创新协同开展，实现组织管理能力与技术能力的双升级。首先，为了促进组织创新和技术创新的协同，HEM 企业需要在把握环境变化的基础上，全面审视战略、组织结构、管理制度和流程等组织创新要素与产品和工艺等技术创新要素之间的协同关系，优化创新资源的配置。HEM 企业应深入分析现有创新资源的应用情况，寻找资源消耗与创新目标实现之间的差距，通过资源整合及时填补资源缺口，保证创新活动的顺利实施；应明确定位创新资源的投向，以保证资源有效利用在创新活动中。在相关政策规则的支持下，HEM 企业应充分调动与协调各种资源，并搭建与科研院所、联盟网络中其他企业等组织之间的信息和知识沟通平台，帮助企业及时获得技术发展、研发组织模式变迁、有竞争力的人力资源管理制度等方面的信息和知识，发现自身运营中存在的问题，合理引入两类创新活动并均衡配置资源，实现组织创新与技术创新的协调发展及创新效率的最优化。其次，随着环境变化，HEM 企业应在对创新资源进行整合、调整和优化的基础上，不断推进组织创新与技术创新的交互并行发展，充分发挥两类创新的联动效应，共同推动企业核心竞争能力的形成和提升。环境、组织与个体三层次要素与 HEM 企业创新之间的作用是相互的。HEM 企业应通过协调管理战略、组织结构、管理制度和流程等组织创新要素，引导和优化组织创新和技术创新的协同演化方向，并对两类创新的协同过程进行管理和控制，以实现与环境变化的动态匹配。同时，HEM 企业需要构建促进两类创新协同演化的动力与规则，为从事技术创新和组织创新的部门和成员之间的协调行动提供支持与约束。

5.4 本章小结

本章首先在对 A 企业在 1998—2018 年的间断均衡组织创新演化过程分析的基础上，利用企业的纵向调研数据构建时间序列，在相空间重构的基础上，运用关联维数法和 Lyapunov 指数法验证了 A 企业组织创新演化过程具有混沌性，将 A 企业组织创新混沌演化过程划分为 4 个时段，并验证了多层次要素对企业组织创新混沌演化过程的影响作用及必要条件和多层次要素构型对企业组织创新混沌演化过程的驱动作用。其次，选取 HEM 业中不同子行业的 4 家典型企业，通过多案例分析进一步验证了 HEM 企业组织创新混沌演化机制。最后，根据验证结果，从提升高层管理者的创新意愿、加强高层管理者的社会资本积累、营造鼓励组织创新的文化氛围、加强组织创新与技术创新的协同 4 个方面提出了 HEM 企业组织创新混沌演化的控制策略。

第6章
研究结果与未来展望

6.1 研究结果

HEM业是推动国家向"制造强国"转变的重要引擎。面对HEM企业转型升级中组织创新软实力缺失而导致的创新效率低下问题，通过综述和评述组织创新演化、混沌理论在组织创新中应用等相关研究，本书提出"基于混沌理论的高端装备制造企业组织创新演化机制"这一研究主题。在对该主题进行多层次深入分析与研究的基础上，本书归纳出了以下创新点及研究结论。

1. 建立了HEM企业组织创新演化模型，判定了HEM企业组织创新演化具有混沌性并阐明了HEM企业组织创新混沌演化规律，揭示了HEM企业组织创新混沌演化机理

本书在分析了HEM企业特征及其组织创新属性的基础上，以演化视角划分了HEM企业组织创新类型，建立了HEM企业组织创新间断均衡演化过程的理论模型，分析了HEM企业组织创新演化特征并解析了潜在混沌的HEM企业组织创新演化。借鉴种群竞争模型，建立了HEM企业组织创新演化的数学模型，通过分析模型平衡点稳定性及其演化趋势，发现当创新演化初始状态出现在进入鞍点轨线附近时，其微小变化将导致最终演化状态的巨大差别。应用Lyapunov指数法判定了HEM企业组织创新演化具有混沌性，运用组织创新演化模型模拟HEM企业组织创新混沌演化过程并深入分析了组织创新混沌演化规律。研究结果表明：激进式组织创新和渐进式组织创新之间较强的竞争效应是企业组织创新演化进入混沌的一般条件，鞍点是企业组织创新混沌演化的转折点，内外部环境要素变化对激进式组织创新的压力会增强企业组织创新演化的混沌性。

第 6 章
研究结果与未来展望

2. 建立了多层次要素对 HEM 企业组织创新混沌演化的影响作用模型并进行了实证检验，揭示了环境、组织和个体三层次中单要素对 HEM 企业组织创新混沌演化的影响作用

基于中国情境，本书综合考虑了 HEM 企业特征及其组织创新属性，深入剖析了环境、组织与个体三层次中单要素对 HEM 企业组织创新混沌演化的影响作用，并建立了多层次要素对组织创新混沌演化的影响作用模型。通过研究设计，利用筛选后的样本企业数据，定量测度了组织创新混沌演化，并应用阶层回归分析法验证了多层次要素对 HEM 企业组织创新混沌演化的影响作用。研究结果表明：环境要素对企业组织创新混沌演化的影响均为正向显著影响；组织要素对企业组织创新混沌演化的影响均为显著但影响方向存在差别；个体要素中高层管理者的创新意愿和社会资本对企业组织创新混沌演化均为负向显著影响，但高层管理者的年龄和任期的影响不显著。

3. 提出了驱动 HEM 企业组织创新混沌演化的必要条件和多层次要素构型，揭示了环境、组织和个体三层次中要素相互影响、相互作用形成的多层次要素构型对 HEM 企业组织创新混沌演化的驱动作用

基于核心—外围理论，本书建立了多层次要素构型对 HEM 企业组织创新混沌演化驱动作用的理论框架。根据第 3 章的研究结果，对第 3 章中筛选后的样本企业数据进行校准，并应用 fsQCA 法，通过单要素必要性分析、条件变量组合分析、核心和外围构型要素分析及要素构型的稳健性检验，验证了驱动 HEM 企业组织创新混沌演化的必要条件和多层次要素构型。研究结果表明：高层管理者的弱创新意愿是驱动 HEM 企业组织创新混沌演化的必要条件；驱动 HEM 企业组织创新混沌演化的 4 种多层次要素构型分别为：政策规则 * 联盟网络 *~ 创新文化、政策规则 * 联盟网络 * 技术创新、~ 政策规则 * 联盟网络 * 技术创新 * 高层管理者社会资本、政策规则 *~ 联盟网络 * 组织规模 *~ 创新文化。

4.验证了典型企业组织创新混沌演化机制,并据此提出了HEM企业组织创新混沌演化的控制策略

本书选取HEM业中典型企业作为案例进行应用研究。首先,基于A企业组织创新演化过程分析,利用A企业纵向调研数据构建了组织创新时间序列,在相空间重构的基础上,运用关联维数法和Lyapunov指数法判定了A企业组织创新演化过程具有混沌性,并将A企业组织创新混沌演化过程划分为被动创新、保守创新、应激创新和响应创新4个演化时段,验证了HEM企业组织创新混沌演化的影响机制和驱动机制,使HEM企业组织创新混沌演化机制的研究结果得到了个案纵向验证。其次,基于4家典型案例企业的截面调研材料,验证了HEM企业组织创新混沌演化机制,使HEM企业组织创新混沌演化机制的研究结果得到了多案例验证。根据案例验证结果,提出了HEM企业组织创新混沌演化的控制策略,为HEM企业组织创新管理实践提供了参考。

6.2　未来展望

本书也存在研究不足,未来研究方向有以下3个方面。第一,由于研究精力有限,本书基于截面数据研究HEM企业组织创新混沌演化机制,未来将进一步扩充数据样本,运用样本企业的面板数据验证HEM企业组织创新混沌演化的影响机制和驱动机制。第二,第5章仅对A企业的组织创新混沌演化机制进行了纵向研究,在后续研究中将对HEM业各子行业的典型案例企业进行纵贯式分析,以使研究结论更加充分。第三,本书建立了HEM企业组织创新演化模型,提出了驱动HEM企业组织创新混沌演化的必要条件和多层次要素构型,在未来的研究中将进一步应用组织创新演化模型对HEM企业组织创新的短期演化趋势进行预测。

参考文献

[1] 张玉芹,李辰. 我国装备制造业在全球价值链的地位分析 [J]. 国际商务：对外经济贸易大学学报，2016, (5): 76-87.

[2] 李慧,平芳芳. 装备制造业产业结构升级程度测量 [J]. 中国科技论坛，2017, (2): 80-86.

[3] 范德成,杜明月. 高端装备制造业技术创新资源配置效率及影响因素研究——基于两阶段 StoNED 和 Tobit 模型的实证分析 [J]. 中国管理科学，2018, 26(1): 13-24.

[4] 徐丹丹,曾章备,董莹. 基于效率评价视角的国有企业分类改革实现路径研究——以高端装备制造业为例 [J]. 中国软科学，2017, (7): 182-192.

[5] 王卫,綦良群. 中国装备制造业全要素生产率增长的波动与异质性 [J]. 数量经济技术经济研究，2017, 34(10): 111-127.

[6] 马法尧,牟绍波,黄雷. 提升高端装备制造业开放式创新能力的影响因素及对策 [J]. 经济纵横，2016, (8): 82-85.

[7] AZAR G, CIABUSCHI F. Organizational innovation, technological innovation, and export performance: The effects of innovation radicalness and extensiveness[J]. International Business Review, 2017, (2): 324-336

[8] LANCKER J V, MONDELAERS K, WAUTERS E, et al. The Organizational innovation system: A systemic framework for radical innovation at the organizational level[J]. Technovation, 2016: 52-53, 40-50.

[9] STATA R. Organizational learning: The key to management innovation[J]. Sloan Management Review, 1989, (1): 63-73.

[10] CARBONI O A, RUSSU P. Complementarity in product, process, and organizational innovation decisions: Evidence from European firms[J]. R&D Management, 2018, 48(2): 210-222.

[11] CORSI C, PRENCIPE A, CAPRIOTTI A. Linking organizational innovation, firm growth and firm size[J]. Management Research, 2019, 17(1): 24-49.

[12] DAMANPOUR F. Footnotes to research on management innovation[J]. Organization Studies, 2014, 35(9): 1265-1285.

[13] BIRKINSHAW J, HAMEL G, MOL M. Management innovation[J]. Academy of Management Review, 2008, 33(4): 825–845.

[14] ALEXANDER M, ARNE K, JOHANN F. Introducing conflict as the microfoundation of organizational ambidexterity[J]. Strategic Organization, 2019, 17(1): 38–61.

[15] JANSEN J J P, VAN DEN BOSCH F A J, VOLBERDA H W. Exploratory innovation, exploitative innovation, and performance: Effects of organizational antecedents and environmental moderators[J]. Management Science, 2006, 52(11): 1661–1674.

[16] SIMSEK Z. Organizational ambidexterity: Towards a multilevel understanding[J]. Journal of Management Studies, 2009, 46(4): 597–624.

[17] CHANDLER A. Strategy and structure. Cambridge[M]. MA: MIT Press, 1962.

[18] SANIDAS E. Organizational innovations and economic growth: Organosis and growth of firms, sectors, and countries[M]. Cheltenham: Edward Elgar, 2005.

[19] SCHUMPETER J A. The theory of economic development[M]. NJ: Transaction Publishers, 1983.

[20] FAGERBERG J. Innovation: A guide to the literature[M]. Oxford: Oxford University Press, 2005.

[21] 韩晨，高山行. 战略柔性、战略创新和管理创新之间关系的研究 [J]. 管理科学，2017, 30(2): 16–26.

[22] EVAN W M. Organizational lag[J]. Human Organizations, 1966, (1): 51–53.

[23] KIMBERLY J R, EVANISKO M J. Organizational innovation: The influence of individual, organizational and contextual factors on hospital adoption of technological and administrative innovations[J]. Academy of Management Journal, 1981, 24(4): 689–713.

[24] 薛捷. 管理创新的概念内涵及其生成机制研究 [J]. 科学学与科学技术管理，2011, 32(12): 53–58, 64.

[25] 苏敬勤，李召敏，吕一博. 理性视角下管理创新研究述评 [J]. 管理学报，2012, 9(4): 615–620.

[26] HAMEL G. The why, what and how of management innovation[J]. Harvard Business Review, 2006, 84(2): 72–84, 163.

[27] WALKER R M, DAMANPOUR F, DEVECE C A. Management innovation and organizational performance: Mediating role of planning and control[J]. Journal of Public Administration Research and Theory, 2011, 21(2): 367–386.

[28] 林海芬, 苏敬勤. 中国企业管理创新理论研究视角与方法综述[J]. 研究与发展管理, 2014, (2): 110-119.

[29] BIRKINSHAW J, MOL M. How management innovation happens[J]. Sloan Management Review, 2006, 47(4): 81-88.

[30] 张振刚, 姚聪, 余传鹏. 管理创新实施对中小企业成长的"双刃剑"作用[J]. 科学学研究, 2018, 36(7): 1325-1333.

[31] KRAŚNICKA T, GŁÓD W, WRONKA-POŚPIECH M. Management innovation, pro-innovation organisational culture and enterprise performance: Testing the mediation effect[J]. Review of Managerial Science, 2018, 12(7): 737-769.

[32] HARGRAVE T, VAN DE VEN A. A collective action model of institutional innovation[J]. Academy of Management Review, 2006, 31(4): 864-888.

[33] DAMANPOUR F, ARAVIND D. Managerial innovation: Conceptions, processes, and antecedents[J]. Management and Organization Review, 2011, 8(2): 423-454.

[34] CHANDLER A. Strategy and structure[M]. MA: MIT Press, 1962.

[35] FORÉS B, CAMISÓN C. Does incremental and radical innovation performance depend on different types of knowledge accumulation capabilities and organizational size?[J]. Journal of Business Research, 2016, 69(2): 831-848.

[36] WU J, HARRIGAN K R, ANG S H, et al. The impact of imitation strategy and R&D resources on incremental and radical innovation: Evidence from Chinese manufacturing firms[J]. The Journal of Technology Transfer, 2019, 44(10): 210-230.

[37] BAŠKARADA S, WATSON J, CROMARTY J. Leadership and organizational ambidexterity[J]. Journal of Management Development, 2016, 35(6): 778-788.

[38] GARCÍA-LILLO F, ÚBEDA-GARCIA M, MARCO-LAJARA B. Organizational ambidexterity: Exploring the knowledge base[J]. Scientometrics, 2016, 107(3): 1021-1040.

[39] MARCH J G. Exploration and exploitation in organizational learning[J]. Organization Science, 1991, 2: 71-87.

[40] LEVINTHAL D A, MARCH J G. The myopia of learning[J]. Strategic Management Journal, 1993, (S): 95-112.

[41] PAPACHRONI A, HERACLEOUS L, PAROUTIS S. Organizational ambidexterity through the lens of paradox theory: Building a novel research agenda[J]. Journal of Applied Behavioral Science, 2015, 51(1): 71-93.

[42] POSEN H E, LEVINTHAL D A. Chasing a moving target: Exploitation and exploration in dynamic environments[J]. Management Science, 2012, 58(3): 587–601.

[43] BAUM J A C, LI S X, USHER J M. Making the next move: How experiential and vicarious learning shape the locations of chains' acquisitions[J]. Administrative Science Quarterly, 2000, 45(4): 766–801.

[44] VERMEULEN F, BARKEMA H. Learning through acquisitions[J]. Academy of Management Journal, 2001, 44(3): 457–478.

[45] 苏敬勤, 崔淼. 复杂情境下中国企业管理创新类型选择研究[J]. 管理工程学报, 2011, 25(4): 26–35, 242.

[46] NICKEL M N, FUENTES J M. Relationship between legitimation, competition and organizational death: Current state of the art[J]. Journal of Management, 2004, 5–6(1): 43–62.

[47] SANDY B, CHRISTOPHE B, GIACOMO N, et al. Organizational form emergence: A meta-analysis of the ecological theory of legitimation[J]. Journal of Management, 2016, 42(5): 1344–1373.

[48] CAMPBELL D T. Variation and selective retention in socio-cultural evolution[J]. General Systems, 1969, 16: 69–85.

[49] ALDRICH H E, RUEF M. Organizations evolving 2nd[M]. CA: Thousand Oaks, 2006.

[50] 孙冰, 袭希, 姚洪涛, 等. 技术在环境中适应性演化的"刺激—反应"三层模型研究——基于Kene的仿真探索[J]. 科学学与科学技术管理, 2013, (4): 19–27.

[51] BURGELMAN R A. Interorganizational ecology of strategy making and organizational adaptation: Theory and field research[J]. Organization Science, 1991, 2(3): 239–262.

[52] AHMED H, BALZAROVA M, COHEN D A. Evolutionary change stimuli and moderators: Evidence from New Zealand[J]. Journal of Organizational Change Management, 2015, 28(4): 546–564.

[53] MINER A S. Seeking adaptive advantage: Evolutionary theory and managerial action[M]. New York: Oxford University Press, 1994.

[54] O'REILLY C A III, HARRELD J B, TUSHMAN M L. Organizational ambidexterity: IBM and emerging business opportunities[J]. California Management Review, 2009, (4): 75–99.

[55] WEICK K E, QUINN R E. Organizational change and development[J]. Annual Review of Psychology, 1999, 50(6): 361–386.

[56] VAN DE VEN A H, SUN K. Breakdowns in implementing models of organization change[J].

Academy of Management Perspectives, 2011, 25(3): 58-74.

［57］DUNCAN R B. The ambidextrous organization: Designing dual structures for innovation [J]. The management of organization, 1976(1): 167-188.

［58］GSCHWANTNER S, HIEBL M R W. Management control systems and organizational ambidexterity[J]. Journal of Management Control, 2016, 27(4): 371-404.

［59］洪进，杨娜娜，杨洋. 商业模式设计对新创企业创新绩效的影响 [J]. 中国科技论坛, 2018, (2): 120-127, 135.

［60］王艺霖，王益民. 基于高阶理论视角的战略双元研究 [J]. 华东经济管理, 2015, 29(7): 102-107.

［61］THOMPSON J D. Organizations in action: Social sciences bases of administrative theory[M]. New York: McGraw-Hill, 1967.

［62］HOLMQVIST M. Experiential learning processes of exploitation and exploration within and between organizations: An empirical study of product development[J]. Organization Science, 2004, 15(1): 70-81.

［63］LAVIE D, ROSENKOPF L. Balancing exploration and exploitation in alliance formation[J]. Academy of Management Journal, 2006, 49(4): 797-818.

［64］ANDRIOPOULOS C, LEWIS M W. Exploitation-exploration tensions and organizational ambidexterity: Managing paradoxes of innovation[J]. Organization Science, 2009, 20(4): 696-717.

［65］BENNER M J, TUSHMAN M L. Exploitation, exploration, and process management: The productivity dilemma revisited[J]. Academy of Management Review, 2003, 2: 238-256.

［66］GIBSON C B, BIRKINSHAW J. The antecedents, consequences, and mediating role of organizational ambidexterity[J]. Academy of Management Journal, 2004, 47(2): 209-226.

［67］SITKIN S. Learning through failure: The strategy of small losses[J]. Research in Organizational Behavior, 1992, 14: 232-266.

［68］SULPHEY M M, ALKAHTHANI N S. Organizational ambidexterity as a prelude to corporate sustainability[J]. Journal of Security and Sustainability Issues, 2017, 7(2): 335-347.

［69］JANSEN J J P, TEMPELAAR M P, VAN DEN BOSCH, et al. Structural differentiation and ambidexterity: The mediating role of integration mechanisms[J]. Organization Science, 2009, 20(4): 797-811.

［70］GÜTTEL W H, KONLECHNER S W, TREDE J K. Standardized individuality versus individualized standardization: The role of the context in structurally ambidextrous organizations[J]. Review of Managerial Science, 2015, 9(2): 261-284.

[71] GOULD S J, ELDREDGE N. Punctuated equilibria: The tempo and mode of evolution reconsidered[J]. Paleobiology, 1977, 3(2): 115-151.

[72] TUSHMAN M L, ROMANELLI E. Organization evolution: A metamorphosis model of convergence and reorientation[J]. Research in Organizational Behavior, 1985, 7(1): 171-222.

[73] TUSHMAN M L, O'REILLY C A III. The ambidextrous organizations: Managing evolutionary and revolutionary change[J]. California Management Review, 1996, 38(4): 8-30.

[74] SASTRY M A. Problems and paradoxes in a model of punctuated organizational change[J]. Administrative Science Quarterly, 1997, 42(2): 237-275.

[75] ROMANELLI E, TUSHMAN M L. Organizational transformation as punctuated equilibrium an empirical test[J]. Academy of Management Journal, 1994, 37(5): 1141-1166.

[76] 李海舰，李文杰，李然. 新时代中国企业管理创新研究——以海尔制管理模式为例 [J]. 经济管理，2018, 40(7): 5-19.

[77] GERSICK C J G. Marking time: Predictable transitions in task groups[J]. Academy of Management Journal, 1989, 32: 274-309.

[78] MUDAMBI R, SWIFT T. Proactive R&D management and firm growth: A punctuated equilibrium model[J]. Research Policy, 2011, 40(3): 429-440.

[79] 夏保华. 企业持续技术创新：本质、动因和管理 [J]. 科学技术与辩证法，2003, (2): 78-80.

[80] ORLIKOWSKI W J. Improvising organizational transformation over time: A situated change perspective[J]. Information Systems Research, 1996, 7(1): 63-92.

[81] DEVINS G, KÄHR C. Structuring ambidextrous organizations: Exploitation and exploration as a key for long-term success. STADTLER L, SCHMITT A, KLARNER P, et al (eds). More than bricks in the wall: Organizational perspectives for sustainable success[M]. Berlin: Springer-Gabler, 2010.

[82] BURGELMAN R A. Strategy as vector and the inertia of coevolutionary lock-in[J]. Administrative Science Quarterly, 2002, 47: 325-357.

[83] DAMANPOUR F. Organizational innovation: A meta-analysis of effects of determinants and moderators[J]. Academy of Management Journal, 1991, 34(3): 555-590.

[84] ZAHRA S A, NEUBAUM D O, HUSE M. Entrepreneurship in medium-size companies: Exploring the effects of ownership and governance systems[J]. Journal of Management, 2000,

26: 947-976.

[85] KAMOTO S. Managerial innovation incentives, management buyouts, and shareholders' intolerance of failure[J]. Journal of Corporate Finance, 2017, 42(2): 55-74.

[86] WISCHNEVSKY J D, DAMANPOUR F, MENDEZ F A. Influence of environmental factors and prior changes on the organizational adoption of changes in products and in technological and administrative processes[J]. British Journal of Management, 2011, 31(8): 132-149.

[87] ROTHAERMEL F T, HESS A M. Building dynamic capabilities: Innovation driven by individual-, firm-, and network-level effects[J]. Organization Science, 2007, 18(6): 898-921.

[88] ALI Z, SUN H Y, ALI M. The impact of managerial and adaptive capabilities to stimulate organizational innovation in SMEs: A complementary PLS-SEM approach[J]. Sustainability, 2017, 9(12): 1-23.

[89] HASHEM G, TANN J. The adoption of ISO standards within the Egyptian context: A diffusion of innovation approach[J]. Total Quality Management, 2007, 18(6): 631-652.

[90] JOLLES M P, MCBEATH B, CARNOCHAN S, et al. Factors associated with managerial innovation in public human service organizations[J]. Human Service Organizations Management, 2016, 40(4): 421-434.

[91] Gosselin M. The effect of strategy and organizational structure on the adoption of activity-based costing. Accounting[J]. Organizations and Society, 1997, 22(2): 105-122.

[92] DAMANPOUR F, SANCHEZ-HENRIQUEZ F, CHIU H H. Internal and external sources and the adoption of innovations in organizations[J]. British Journal of Management, 2018, 29(4): 712-730.

[93] 盛亚, 杨虎. 组织创新驱动因素国外研究评介与展望[J]. 科技管理研究, 2014, 34(7): 137-142.

[94] 张美丽, 石春生, 贾云庆, 等. 不同生命周期阶段企业OI与TI的匹配机制研究[J]. 科学学研究, 2015, (8): 1261-1270.

[95] 余传鹏, 张振刚, 林春培. 基于技术接受模型的企业管理创新过程机制研究[J]. 科研管理, 2019, 40(8): 206-214.

[96] 林海芬, 苏敬勤. 动态能力对管理创新过程效力影响实证研究[J]. 科学学研究, 2012, (12): 1900-1909.

[97] 张振刚, 余传鹏. 利用式与探索式学习对管理创新的影响研究[J]. 管理学报, 2015, 12(2): 252-256.

[98] 沈鹤,余传鹏,张振刚.科技型小微企业管理创新引进机理研究——基于获得式学习视角[J].科学学研究，2018, 36(5): 884–892.

[99] 王鹤春，苏敬勤．曹慧玲．惯性对后发国家引进型管理创新的作用分析[J].科学学与科学技术管理，2014, (1): 75–84.

[100] 夏绪梅．企业文化对企业组织创新影响的内在机理分析[J].西安财经学院学报，2011, 24(4): 57–60.

[101] 张振刚，崔婷婷，余传鹏．家长式领导对组织效能的影响：知识分享意愿的中介作用施[J].科技管理研究，2015, (9): 191–196.

[102] 林春培，庄伯超．家长式领导对管理创新的影响：一个整合模型[J].科学学研究，2014, (4): 622–630.

[103] 江世英，李随成，李勃，等．企业家关系网络对管理创新能力的影响研究——基于高新技术行业的实证[J].科技管理研究，2015, (23): 126–130.

[104] 刘礼花．企业家社会关系对企业管理创新的影响研究——基于企业家导向的调节作用分析[J],技术经济与管理研究，2016, (9): 46–52.

[105] 黄文锋,张建琦.社会关系、企业家创新意图与管理创新实施[J].华东经济管理,2015, (11): 120–128.

[106] 张娜娜，谢伟．中国企业管理创新演化及其与环境的关系[J].科技进步与对策，2016, 33(10): 54–58.

[107] 苏敬勤，李召敏，吕一博．管理创新过程的关键影响因素探析：理性视角[J].管理学报，2011, (8): 1174–1182.

[108] 杨连峰，刘震宇，罗春晖．影响组织创新采纳的因素整合模型[J].软科学，2011, 25(6): 127–129, 134.

[109] 崔淼，苏敬勤．中国企业管理创新的驱动力——兼与西方企业的比较[J].科学学研究，2012, (5): 755–765.

[110] 邱玥，关玥．当前我国国有企业管理创新机制研究[J].河南社会科学，2018, (6): 42–46.

[111] 崔淼，李鑫，苏敬勤．管理创新研究的国内外对比及其启示[J].管理学报，2018, (9): 772–76.

[112] 包玉泽，谭力文，许心．中国的管理创新机制——基于改革开放后管理思想发展的研究[J].管理学报，2014, (10): 1420–1427.

[113] 李波，王林丽．转型时期国有企业管理创新特征研究[J].河南社会科学，2018, 40(1): 56–70.

[114] 苏敬勤，张雁鸣，林菁菁. 文化双融视角下中国本土企业管理创新机制——华立集团的案例研究 [J]. 经济管理，2018, 40(1): 56-70.

[115] 李海舰，李文杰，李然. 新时代中国企业管理创新研究——以海尔制管理模式为例 [J]. 经济管理，2018, 40(7): 5-19.

[116] LORENZ E N. Deterministic nonperiodic flow[J]. Journal of the Atmospheric Sciences, 1963, 20(2): 130-141.

[117] STUTZER M. Chaotic dynamics and bifurcations in a macro model[J]. Journal of Economic Dynamics and Control, 1980, 2: 353-376.

[118] GREGERSEN H, SAILER L. Chaos theory and its implications for social science research[J]. Human Relations, 1993, 46(7): 777-802.

[119] DOOLEY K. A complex adaptive systems model of organization change[J]. Nonlinear Dynamics, Psychology, & Life Sciences, 1997, 1(1): 69-97.

[120] VINTEN G. Thriving on chaos: The route to management survival[J]. Management Decision, 1992, 30(8): 22-28.

[121] ISTVAN R L. A new productivity paradigm for competitive advantage[J]. Strategic Management Journal, 1992, 13: 525-537.

[122] HIBBERT B, WILKINSON I F. Chaos theory and the dynamics of marketing systems[J]. Journal of the Academy of Marketing Science, 1994, 22(3): 218-233.

[123] 张永安，张所地. 混沌理论及其对战略研究的影响 [J]. 科技导报，1996, (11): 9-11, 39.

[124] 李艳艳. 传统混沌管理与现代混沌管理之比较 [J]. 人口与经济，2006, (S1): 46-49.

[125] 卫立浩. 混沌管理在我国的误区分析 [J]. 领导科学，2010, (5): 44-46.

[126] 崔东红，孙莹. 管理理论的前沿——混沌管理 [J]. 党政干部学刊，2000, (12): 45.

[127] 刘业政，潘生. 混沌理论对企业管理哲学的启示 [J]. 科学技术与辩证法，2006, (3): 100-104.

[128] 张铁山. 混沌理论在现代企业管理中的运用研究 [J]. 信阳师范学院学报（哲学社会科学版），2002, (3): 30-34.

[129] PETERS T. Thriving on chaos: Tactics for a management revolution[M]. NY: Oxford University Press, 1989.

[130] JOSEPH E C. Chaos & postmodernism & futuring insights[J]. Futurics, 1994: 1-12.

[131] OLSEN M. Control through chaos: build a team that never drops the ball[J]. Success, 1990, 37(9): 40-44.

[132] STACEY R. Managing the unknowable[M]. San Francisco: Jossey-Bass, 1992.

[133] LOYE D, EISLER R. Chaos and transformation: Implications of nonequilibrium theory for social science and society[J]. Behavioral Science, 1995, 32: 53-65.

[134] GORDON T J, GREENSPAN D. The management of chaotic system[J]. Technological Forecasting and Social Change, 1994, 47(1): 49-62.

[135] MATHEWS K M, WHITE M C, LONG R G. Why study the complexity science in the social science?[J]. Human Relations, 1999, 52(4): 439-462.

[136] KIEL D L. Managing chaos and complexity in government[M]. San Francisco: Jossey/Bass Publishers, 1994.

[137] NONAKA I. Creating organizational order out of chaos: Self-renewal in Japanese firms[J]. California Management Review, 1988, 30(3): 57-73.

[138] MCNEIL K. Bifurcations and Clustering in Globally Coupled Arrays of Phase-Bistable Systems[J]. International Journal of Bifurcation and Chaos, 1987, (12): 309-318.

[139] KAUFFMAN S A. The origins of order[M]. New York: Oxford University Press, 1993.

[140] 李志刚, 张吉军, 苟建林. 基于系统混沌理论的企业创新过程管理研究 [J]. 企业经济, 2011, (2): 31-34.

[141] 李文博, 郑文哲. 基于混沌理论的企业集成创新研究 [J]. 科技进步与对策, 2005, (3): 53-54.

[142] 罗珉, 李映东. 混沌理论对管理学发展的启示 [J]. 财经科学, 2004, (6): 20-23.

[143] 赵锡斌, 温兴琦. 混沌系统、企业环境与企业可持续发展战略 [J]. 中国人口·资源与环境, 2006, (2): 124-127.

[144] 张金春, 王杰. 企业系统混沌管理的涵义、特点及方法 [J]. 系统辩证学学报, 2003, (3): 37-41.

[145] GUASTELLO S. Chaos, catastrophe, and human affairs[M]. NJ: Lawrence Erlbaum, 1995.

[146] PRIESMEYER H R, BAIK K. Discovering the patterns of chaos[J]. Planning Review, 1989, 17(6): 14-21, 47.

[147] HUBERMAN B, HOGG T. The behavior of computational ecologies. HUBERMAN B (Ed.). The ecology of computation[M]. Amsterdam: North Holland Publishers, 1988.

[148] KOPUT K. Dynamics of innovative idea generation in organizations[D]. University of California, 1992.

[149] TYRE M, ORLIKOWSKI W. Windows of opportunity: Temporal patterns of technological

adaptation[J]. Organization Science, 1994, (1): 98–118.

[150] CHENG Y T, VAN DE VEN ANDREW H. Learning the innovation journey: Order out of chaos?[J]. Organization Science, 1996, 7(6): 593–614.

[151] JAYANTHI S, SINHA K K. Innovation implementation in high technology manufacturing: A chaos-theoretic empirical analysis[J]. Journal of Operations Management, 1998, 16(4): 471–494.

[152] 范如国，黄本笑. 企业制度系统的复杂性：混沌与分形 [J]. 科研管理，2002, (4): 22–29.

[153] 盛永祥，王旭娜，吴洁. 基于混沌理论的企业动态能力、投资和收益的非线性关系 [J]. 系统管理学报，2018, 27(5): 950–960.

[154] 张小花，陈玮. 基于相空间重构的制造系统混沌研究 [J]. 机械科学与技术，2013, 32(2): 309–312.

[155] ANDERSEN D F, STURIS J. Chaotic structures in generic management models[J]. System Dynamics Review, 1988, 4: 218–245.

[156] GRES OV C, HAVEMAN H, OLIVA T. Organization design, inertia, and the dynamics of competitive response[J]. Organization Science, 1993, 4(2): 181–208.

[157] LEVY D. Chaos theory and strategy: Theory, application, and managerial implications[J]. Strategic Management Journal, 1994, 15: 167–178.

[158] 赵敏，李湛，王荣. 混沌理论在科技创业企业管理中的应用研究 [J]. 研究与发展管理，2007, (2): 79–85.

[159] 陈春明，马晓谦. 基于混沌理论的企业组织创新研究 [J]. 学术交流，2009, (3):89–92.

[160] 徐玉华，谢承蓉. 企业创造激励的混沌同步研究 [J]. 商场现代化，2006, (24): 65–66.

[161] 朱其忠，卞艺杰. 企业发展过程中的分形与混沌现象 [J]. 生产力研究，2009, (11): 33–35.

[162] 李可用，王晓梅. 企业战略管理系统的混沌性分析 [J]. 中国城市经济，2011, (24): 91–92.

[163] 赵敏，李湛，王荣. 混沌理论在科技创业企业管理中的应用研究 [J]. 研究与发展管理，2007, (2): 79–85.

[164] BOUMGARDEN P, NICKERSON J, ZENGER T R. Sailing into the wind: Exploring the relationships among ambidexterity, vacillation, and organizational performance[J]. Strategic Management Journal, 2012, 26(5): 587–610.

[165] 王越，费艳颖，刘琳琳. 产业技术创新联盟组织模式研究——以高端装备制造业为例 [J].

科技进步与对策, 2011, 28(24): 70–73.

[166] 郑向杰. "拉帮结派"有利于企业创新吗？——来自中国高端装备制造产业的证据 [J]. 华东经济管理, 2017, 31(8): 146–152.

[167] 何星蓉. 基于协同的高端装备制造业产学研创新能力评价指标体系研究 [J]. 经济问题探索, 2018, (5): 186–190.

[168] 李玥, 郭航, 张雨婷. 知识整合视角下高端装备制造企业技术创新能力提升路径研究 [J]. 科学管理研究, 2018, 36(1): 34–37.

[169] 罗福凯, 于江, 陈肖丹. 高端装备制造上市企业技术资本测度及收益分析 [J]. 经济管理, 2013, (11): 59–70.

[170] 王玉荣, 高菲, 张皓博. 高端装备制造产业研发投入与创新绩效的实证研究 [J]. 统计与决策, 2015, (10): 135–137.

[171] 刘焕鹏, 严太华. 智力资本、风险投资与高端装备制造企业效率——基于DSBM方法与Tobit模型的实证研究 [J]. 山西财经大学学报, 2015, 37(5): 63–72.

[172] 杨栩, 肖蘅, 廖姗. 基于MC-ZF-HD-DS的高端装备制造企业持续创新能力评价研究 [J]. 运筹与管理, 2015, (1): 270–279.

[173] 杜文忠, 胡燕萍. 基于聚类分析和SE-DEA模型的我国先进装备制造业发展效率研究 [J]. 科技管理研究, 2018, 38(4): 166–174.

[174] 曾刚, 耿成轩. 中国高端装备制造上市企业融资效率的实证测度——基于Super-SBM和Malquist模型 [J]. 科技管理研究, 2019, 39(10): 233–242.

[175] 胡耀辉. 产业技术创新链：我国企业从模仿到自主创新的路径突破——以高端装备制造企业为例 [J]. 科技进步与对策, 2013, 30(9): 66–69.

[176] 王晓婷, 邹昭晞. 京津冀协同创新共同体下高端装备制造业发展研究——以航空航天器制造业为例 [J]. 学习与探索, 2017, (8): 134–140.

[177] 陈悦, 付欣然, 康旭东, 等. 中国高端装备制造业的技术关联与扩散效应——基于中国78家高端装备制造业上市公司的专利分析 [J]. 科技管理研究, 2017, 37(15): 138–146.

[178] 李坤, 石春生, 郑作龙, 等. 高端装备制造企业与供应商相互依赖关系形成机理 [J]. 中国科技论坛, 2017, (8): 79–86.

[179] 杨瑾. 网络关系嵌入对高端装备制造业供应链协同能力和绩效的影响研究 [J]. 商业经济与管理, 2015, (8): 5–13.

[180] 王喜刚. 组织创新、技术创新能力对企业绩效的影响研究 [J]. 科研管理, 2016, 37(2): 107–115.

[181] BIRKINSHAW J, CRILLY D, BOUQUET C, et al. How do firms manage strategic dualities? A process perspective[J]. Academy of Management Discoveries, 2016, 2(1): 51-78.

[182] TURNER N, SWART J, MAYLOR H. Mechanisms for managing ambidexterity: A review and research agenda[J]. International Journal of Management Reviews, 2013, 15(3): 317-332.

[183] 罗彪, 葛佳佳, 王琼. 探索型、挖掘型战略选择对组织绩效的影响研究[J]. 管理学报, 2014, 11(2): 37-45.

[184] LAVIE D, STETTNER U, TUSHMAN M L. Exploration and exploitation within and across organizations[J]. Academy of Management Annals, 2010, 4(1): 109-155.

[185] PAPACHRONI A, HERACLEOUS L, PAROUTIS S. In pursuit of ambidexterity: Managerial reactions to innovation-efficiency tensions[J]. Human Relations, 2016, 69(9): 1791-1822.

[186] 王凤彬, 陈建勋, 杨阳. 探索式与利用式技术创新及其平衡的效应分析[J]. 管理世界, 2012, (3): 96-112.

[187] FARJOUN M. Beyond dualism: Stability and change as a duality[J]. Academy of Management Review, 2010, 35(2): 202-225.

[188] LAVIE D. Capability reconfiguration: An analysis of incumbent responses to technological change[J]. Academy of Management Review, 2006, 31(1): 153-174.

[189] CAO Q, GEDAJLOVIC E, ZHANG H. Unpacking organizational ambidexterity: Dimensions, contingencies, and synergistic effects[J]. Organization Science, 2009, 20(4): 781-796.

[190] 隋映辉, 于喜展. 我国轨道制造的系统创新与转型路径——跨越式发展与创新转型实践[J]. 科学学研究, 2015, 33(5): 767 733.

[191] KARRER D, FLECK D. Organizing for ambidexterity: A paradox-based typology of ambidexterity-related organizational states[J]. BAR, Rio de Janeiro, 2015, 12(4): 365-383.

[192] TUSHMAN M L, NEWMAN W H, ROMANELLI E. Convergence and upheaval: Managing the unsteady pace of organizational evolution[J]. California Management Review, 1986, (1): 583-594.

[193] UOTILA J. Punctuated equilibrium or ambidexterity: Dynamics of incremental and radical organizational change over time[J]. Industrial and Corporate Change, 2018, 27(1): 131-148.

[194] GERSICK C J G. Revolutionary change theories: A multilevel exploration of the punctuated equilibrium paradigm[J]. Academy of Management Review, 1991, 16(1): 10-36.

[195] MATHIAS B D, MCKENNY A F, CROOK T R. Managing the tensions between exploration and exploitation: The role of time[J]. Strategic Entrepreneurship Journal, 2018, 12(3): 316-

334.

[196] CHILD J, SMITH C. The context and process of organizational transformation: Cadbury Ltd. in its sector[J]. Journal of Management Studies, 1987, 24(6): 12–27.

[197] GREENWOOD R, HININGS C R. Understanding radical organizational change: Bringing together the old and the new institutionalism[J]. Academy of Management Review, 1996, 21(4): 1022–1054.

[198] PLOWMAN D A, BAKER L T, BECK T E, et al. Radical change accidentally: The emergence and amplification of small change[J]. Academy of Management Journal, 2007, 50(3): 515–543.

[199] FORD J D, FORD L W. Logics of identity, contradiction, and attraction in change[J]. Academy of Management Review, 1994, 19(4): 756–785.

[200] 王成刚. 高端装备制造企业组织创新与技术创新匹配决策研究[D]. 哈尔滨: 哈尔滨工业大学, 2018.

[201] RAISCH S, BIRKINSHAW J, PROBST G, et al. Organizational ambidexterity: Balancing exploitation and exploration for sustained performance[J]. Organization Science, 2009, 20(4): 685–695.

[202] 王鹏. 高端装备制造企业组织创新路径影响因素及其作用机理研究[D]. 哈尔滨: 哈尔滨工业大学, 2014.

[203] 可景洋, 王鹏. 航天企业组织创新路径演化的模糊控制研究[J]. 价值工程, 2013, (6): 3–7.

[204] 吴际. HEM企业组织创新与技术创新协同机制及演化动力机理[D]. 哈尔滨: 哈尔滨工业大学, 2013.

[205] KIM C, SONG J, NERKAR A. Learning and innovation: Exploitation and exploration trade-offs[J]. Journal of Business Research, 2012, 65(8): 1189–1194.

[206] 白景坤, 荀婷, 张贞贞. 组织惰性: 成功的副产品, 抑或组织病症? ——基于系统性审查方法的述评与展望[J]. 外国经济与管理, 2016, 38(12): 113–128.

[207] KIMBERLY J. Environmental constraints and organizational structure: A comparative analysis of rehabilitation organizations[J]. Administrative Science Quarterly, 1975, 20: 1–9.

[208] 吕东, 云乐鑫, 范雅楠. 科技型创业企业商业模式创新与适应性成长研究[J]. 科学学与科学技术管理, 2015, 36(11): 132–144.

[209] 石岿然, 盛昭瀚, 肖条军. 基于博弈学习理论的企业组织模式演化动态[J]. 系统工程理论与实践, 2007, 27(6): 64–70.

［210］王水莲，刘莎莎. 海尔集团商业模式演进案例研究："因时而变"的企业 [J]. 科学学与科学技术管理，2016, (4): 70-78.

［211］MILLER D. Configurations of strategy and structure: Towards a synthesis[J]. Strategic Management Journal, 1986, 7(3): 233-249.

［212］吕佳, 陈万明, 彭灿. 主动遗忘、知识治理与企业突破式创新——环境动荡性的调节作用[J]. 科技进步与对策，2017, 34(21): 103-110.

［213］ADEWUMI A, KAGAMBA J, ALOCHUKWU A. Application of chaos theory in the prediction of motorised traffic flows on urban networks[J]. Mathematical Problems in Engineering, 2016, 78:1-15.

［214］BRUNTON S L, BRUNTON B W, PROCTOR J L, et al. Chaos as an intermittently forced linear system[J]. Nature Communications, 2017, 8(1): 1-34.

［215］LIU S X, YAN H, EASA S M, et al. Analysis of stability-to-chaos in the dynamic evolution of network traffic flows under a dual updating mechanism[J]. Sustainability, 2018, 10(11): 1-17.

［216］李士勇. 非线性科学与复杂性科学 [M]. 哈尔滨：哈尔滨工业大学出版社，2006.

［217］SMITH R D. The inapplicability principle: What chaos means for social science[J]. Behavioral Science, 1995, 40(1): 22-40

［218］HADAMARD J. Les surfaces à courbures opposées et leurs lignes géodésiques[J]. Journal de Mathématiques pures et appliquées, 1898, 4: 27-73.

［219］尹海员, 华亦朴. 我国股票市场流动性的非线性动力学特征研究：基于分形理论的检验 [J]. 管理评论，2017, 29(8): 43-52.

［220］NIJKAMP P, REGGIANI A. Chaos theory and spatial dynamics[J]. Journal of Transport Economics and Policy, 1991, (1): 81-86.

［221］刘洪, 郭志勇, 徐晟. 企业系统演化及管理混沌理论的研究概述 [J]. 管理科学学报，1998, (12): 57-62.

［222］KIEL D L. Nonlinear dynamical analysis: Assessing systems concepts in a government agency[J]. Public Administration Review, 1993, (2): 143-153.

［223］THIETART R A, FORGUES B. Chaos theory and organization[J]. Organization Science, 1995, 6(1): 19-31.

［224］金昕, 陈松, 邵俊岗. 企业创新中的"双元平衡"一直重要吗？——基于机器学习的动态分析 [J]. 科学学与科学技术管理，2018, (11): 74-84.

[225] STIEGLITZ N, KNUDSEN T, BECKER M C. Adaptation and inertia in dynamic environments[J]. Strategic Management Journal, 2016, 37(9): 1854–1864.

[226] HAKONSSON D D, KLAAS P, CARROLL T N. The structural properties of sustainable, continuous change: Achieving reliability through flexibility[J]. The Journal of Applied Behavioral Science, 2012, 49(2): 179–205.

[227] 陶秋燕, 孟猛猛. 探索式创新和利用式创新对组织绩效的影响——基于中国中小企业的实证[J]. 北京理工大学学报(社会科学版), 2018, 20(2): 102–108.

[228] BYGRAVE W D. The entrepreneurship paradigm (II): Chaos and catastrophes among quantum jumps?[J]. Entrepreneurship: Theory and Practice, 1989, 14(2): 7–30.

[229] EISENHARDT K M, SCHOONHOVEN C B. Organizational growth: Linking founding team, strategy, environment, and growth among us semiconductors ventures[J]. Administrative Science Quarterly, 1990, 35(3): 504–529.

[230] 刘洪. 组织结构变革的复杂适应系统观[J]. 南开管理评论, 2004, 7(3): 51–56.

[231] 张敏, 张一力, 凡培培. 企业家"主我"认知与"宾我"认知的博弈: 对双元创新路径的认知新解[J]. 外国经济与管理, 2016, 38(2): 3–15.

[232] 林海芬, 胡严方, 刘宏双, 等. 组织稳定与创新的悖论关系研究[J]. 科学学与科学技术管理, 2019, 40(3): 3–17.

[233] WANG C H, HSU L C. Building exploration and exploitation in the high-tech industry: The role of relationship learning[J]. Technological Forecasting & Social Change, 2014, 81(1): 331–340.

[234] 王业静, 于海云. 二元创新战略对新创企业绩效的影响机制研究: 产学研合作的调节作用[J]. 研究与发展管理, 2018, 30(4): 118–127.

[235] KORYAK O, LOCKETT A, HAYTON J, et al. Disentangling the antecedents of ambidexterity: Exploration and exploitation[J]. Research Policy, 2018, 47(2): 413–427.

[236] RAYMOND-ALAIN T. Strategy dynamics: Agency, path dependency, and self-organized emergence[J]. Strategic Management Journal, 2016, 37(4): 774–792.

[237] TURNER N, LEE-KELLEY L. Unpacking the theory on ambidexterity: An illustrative case on the managerial architectures, mechanisms and dynamics[J]. Management Learning, 2012, 44(2): 179–196.

[238] 姜启源, 谢金星, 叶俊. 数学模型(第五版)[M]. 北京: 高等教育出版社, 2018.

[239] 董雨滋, 孙风亭. 一类两种群竞争系统的定性分析[J]. 山西大学学报(自然科学版),

1992, 10(1): 1-7.

[240] KELSEY D. The economics of chaos or the chaos of economics[J]. Oxford Economic Papers, 1988, 40: 1-31.

[241] ELLISON G, FUDENBERG D, IMHOF L A. Fast convergence in evolutionary models: A Lyapunov approach[J]. Journal of Economic Theory, 2016, 161: 1-36.

[242] 韩亚品, 胡珑瑛. 基于混沌理论的创新网络中组织间信任演化研究[J]. 运筹与管理, 2014, (4): 219-227.

[243] 杨学儒, 李新春, 梁强, 等. 平衡开发式创新和探索式创新一定有利于提升企业绩效吗?[J]. 管理工程学报, 2011, 25(4): 17-25.

[244] DAMANPOUR F. Organizational complexity and innovation: Developing and testing multiple contingency models[J]. Management Science, 1996, 42(5): 693-716.

[245] SNYDER L D, MILLER N H, STAVINS R N. The effects of environmental regulation on technology diffusion: The case of chlorine manufacturing[J]. American Economic Review, 2003, (2): 431-435.

[246] 刘鑫, 蒋春燕. 政治和商业网络关系与企业探索式创新: 一个整合模型[J]. 经济管理, 2016, 38(8): 68-81.

[247] 钟凯, 程小可, 肖翔, 等. 宏观经济政策影响企业创新投资吗——基于融资约束与融资来源视角的分析[J]. 南开管理评论, 2017, 20(6): 4-14.

[248] SHENG S, ZHOU K Z, LI J J. The effects of business and political ties on firm performance: Evidence from China[J]. Journal of Marketing, 2011, 75(1): 1-15.

[249] 胡明霞, 干胜道, 鲁昱. 产权制度、管理层权力与内部控制[J]. 重庆大学学报(社会科学版), 2015, 21(3): 67-80.

[250] 曲亮, 谢在阳, 郝云宏, 等. 国有企业董事会权力配置模式研究——基于二元权力耦合演进的视角[J]. 中国工业经济, 2016, (S): 127-144.

[251] 贾晓霞, 夏侯淑琴. 海洋装备制造企业网络嵌入度聚类评估[J]. 中国科技论坛, 2015, (6): 82-87.

[252] 于腾群. 中国铁路产业国际化与铁路产业战略联盟的建立[J]. 北京交通大学学报(社会科学版), 2019, 18(1): 30-37.

[253] TUNG R L. Selection and training procedures of US, European, and Japanese multinationals[J]. California Management Review, 1982, 25(1): 57-71.

[254] 赵健宇, 王铁男. 战略联盟协同演化机理与效应——基于生物进化隐喻的多理论诠释[J].

管理评论, 2018, 30(8): 194-207.

[255] 苏敬勤, 林海芬. 管理创新研究视角评述及展望 [J]. 管理学报, 2010, 7(9): 1343-1349, 1357.

[256] 李波, 王林丽. 转型时期国有企业管理创新特征研究 [J]. 河南社会科学, 2018, 26(9): 72-76.

[257] KALETA A, RADOMSKA J, SOŁODUCHO-PELC L M. The relationship between the approach to strategic management and innovativeness in companies of various sizes[J]. Argumenta Oeconomica, 2018, 40(1):203-224.

[258] MITCHELL W, SINGH K. Entrenched success: The reciprocal relationship between interfirm collaboration and business sales growth[J]. Academy of Management Proceedings, 1993, (2): 31-36.

[259] VAN DE VEN A, POLLEY D, GARUD R, et al. The innovation journey[M]. New York: Oxford University Press, 1999.

[260] ALI A. Pioneering versus incremental innovation: Review and research propositions[J]. Journal of Product Innovation Management, 1994, 11(1): 46-61.

[261] HOCK-DÖPGEN M, CLAUß T, SCHULZ E. The Impact of organizational culture on a firm's capability to innovate the business model[J]. R&D Management, 2016, 46(3): 433-450.

[262] WU L F, HUANG I C, HUANG W C, et al. Aligning organizational culture and operations strategy to improve innovation outcomes: An integrated perspective in organizational management[J]. Journal of Organizational Change Management, 2019, 32(1): 224-250.

[263] 张玉明, 李荣, 闵亦杰. 企业创新文化真实地驱动了研发投资吗? [J]. 科学学研究, 2016, 34(9): 1417-1425.

[264] 吴际, 石春生, 刘明霞. 基于企业生命周期的组织创新要素与技术创新要素协同模式研究 [J]. 管理工程学报, 2011, 25(4): 129-135.

[265] 郑俊巍. 我国管理创新研究结构与发展的文献计量与网络图景 [J]. 科研管理, 2018, 39(9): 102-112.

[266] 战伟萍, 沈群红, 于永达. 技术创新与组织变革的协同作用分析: 基于组织知识分布的视角 [J]. 中国科技论坛, 2010, (6): 31-36.

[267] 陈玮, 吴建伟. 创新与职能耦合: 创新驱动系统价值产生路径 [J]. 科技进步与对策, 2015, 32(12): 1-7.

[268] BALDRIDGE J V, BURNHAM R A. Organizational innovation: Individual, organizational,

and environmental impacts[J]. Administrative Science Quarterly, 1975, 20(2): 165-176.

[269] CROSSAN M M, APAYDIN M. A multi-dimensional framework of organizational innovation: A systematic review of the literature[J]. Journal of Management Studies, 2010, 47(6): 1154-1191.

[270] HUBER G P, SUTCLIFFE K M, MILLER C C, et al. Understanding and predicting organizational change[M]. New York: Oxford University Press, 1993.

[271] JASKYTE K. Predictors of administrative and technological innovations in nonprofit organizations[J]. Public Administration Review, 2011, 71(1): 77-86.

[272] 李巍, 丁超. 创新意愿、商业模式创新与经营绩效[J]. 中国科技论坛, 2016, (7): 124-129.

[273] MUMFORD M D. Managing creative people. Strategies and tactics for innovation[J]. Human Resources Management Review, 2000, 10(3): 313-355.

[274] 谢佩洪. 基于中国传统文化与智慧的本土管理研究探析[J]. 管理学报, 2016, 13(8): 1115-1124.

[275] 沈灏. 转型经济环境下社会资本和组织学习对企业战略变化的影响——基于国有企业和民营企业的对比分析[J]. 经济管理, 2017, 39(6): 69-85.

[276] PENG M W, LUO Y. Managerial ties and firm performance in transition economy: The nature of a micro-macro link[J]. Academy of Management Journal, 2000, 43(3): 486-501.

[277] 孙善林, 彭灿, 杨红. 高管团队社会资本对企业开放式创新能力的影响研究——以资源获取与资源整合为中介变量[J]. 研究与发展管理, 2017, 29(2): 71-81.

[278] 冯天丽, 井润田. 制度环境与私营企业家政治联系意愿的实证研究[J]. 管理世界, 2009, (8): 81-91.

[279] UZZI B. Social structure and competition in inter-firm networks: The paradox of embeddedness[J]. Administrative Science Quarterly, 1997, 42(2): 35-67.

[280] 李玲, 党兴华, 贾卫峰. 网络嵌入性对知识有效获取的影响研究[J]. 科学学与科学技术管理, 2008, 29(12): 97-100, 140.

[281] 葛宝山, 谭凌峰, 生帆, 等. 创新文化、双元学习与动态能力关系研究[J]. 科学学研究, 2016, 34(4): 630-640.

[282] CAMISÓN C, VILLAR-LÓPEZ A. Organizational innovation as an enabler of technological innovation capabilities and firm performance[J]. Journal of Business Research, 2014, 67(1): 2891-2902.

[283] CHRISTIAN L, NIKOLAUS F. The making of an entrepreneur: Testing a model of entrepreneurial intent among engineering students at MIT[J]. R&D Management, 2003, 33(2): 135–116.

[284] 蔡华，于永彦，蒋天颖. 民营创新意愿的测量与分析 [J]. 统计与决策，2009, (16): 163-165.

[285] 杨鹏鹏，许译文，李星树. 民营企业家社会资本、动态能力影响企业绩效的实证研究 [J]. 山西财经大学学报，2015, 37(9): 101–112.

[286] WONG T C, WONG S Y, CHIN K S. A neural network–based approach of quantifying relative importance among various determinants toward organizational innovation[J]. Expert Systems with Applications, 2011, 38(10): 13064–13072.

[287] TANG J, PEE L G, IIJIMA J. Investigating the effects of business process orientation on organizational innovation performance[J]. Information & Management, 2013, 50(8): 650–660.

[288] 张美丽，石春生，贾云庆. 不同生命周期阶段企业 OI 与 TI 的匹配关系实证研究——以高技术制造企业为例 [J]. 研究与发展管理，2015, 27(2): 77–88.

[289] 李靖. 企业组织创新与技术创新及其匹配状态的测度研究——基于高端装备制造企业的实证研究 [D]. 哈尔滨：哈尔滨工业大学，2015: 151.

[290] LI H, ZHANG Y. The role of managers' political net-working and functional experience in new venture performance: Evidence from China's transition economy[J]. Strategic Management Journal, 2007, 28(8): 791–804.

[291] 李婉丽,刘凤全,张俊瑞,等. 高科技企业发展潜力评价的指标体系及模糊综合评判模型[J]. 数量经济技术经济研究，2002, 19(12): 89–92.

[292] HUBER G P, GLICK W H. Organizational change and redesign[M]. New York: Oxford University Press, 1993.

[293] DAMANPOUR F, SCHNEIDER M. Phases of the adoption of innovation in organizations: Effects of environment, organization and top managers[J]. British Journal of Management, 2006, 17(3): 215–236.

[294] 刘礼花，郑山水. 合伙人特征对管理创新的影响——以珠三角小微企业为例 [J]. 中国科技论坛，2015, (7): 11–15.

[295] YOUNG G J, CHARNS M P, SHORTELL S M. Top manager and network effects on the adoption of innovative management practices: A study of TQM in a public hospital system[J]. Strategic Management Journal, 2001, (10): 935–951.

[296] FISS P C. Building better causal theories: A fuzzy set approach to typologies in organization research[J]. Academy of Management Journal, 2011, 54(2): 393-420.

[297] DOTY D H, GLICK W H. Typologies as a unique form of theory building: Toward improved understanding and modeling[J]. Academy of Management Review, 1994, (2): 230-251.

[298] RAGIN C C. Redesigning social inquiry: Fuzzy sets and beyond[M]. Chicago: University Chicago Press, 2008.

[299] 张璐, 齐二石, 长青. 复杂情境下中国企业管理创新方法选择性研究[J]. 科技进步与对策, 2014, 31(24): 76-82.

[300] STADLER B M R, STADLER P F, WAGNER G P, et al. The topology of the possible: Formal spaces underlying patterns of evolutionary change[J]. Journal of Theoretical Biology, 2001, (2): 241-274.

[301] FISS P C. A Set-theoretic approach to organizational configurations[J]. Academy of Management Review, 2007, 32(4): 1180-1198.

[302] JENSON I, LEITH P, DOYLE R, et al. Testing innovation systems theory using qualitative comparative analysis[J]. Journal of Business Research, 2016, 69(4): 1283-1287.

[303] MARX A. Crisp-set qualitative comparative analysis (csQCA) and model specification: Benchmarks for future csQCA applications[J]. International Journal of Multiple Research Approaches, 2010, 4(2): 138-158.

[304] CODURAS A, CLEMENTE J A, RUIZ J. A novel application of fuzzy-set qualitative comparative analysis to GEM data[J]. Journal of Business Research, 2016, 69(4): 1265-1270.

[305] BLOCK D D, BARBARA V. Addressing the challenges related to transforming qualitative into quantitative data in qualitative comparative analysis[J]. Journal of Mixed Methods Research, 2019, 13(4): 503-535.

[306] RAGIN C C. Set relations in social research: Evaluating their consistency and coverage[J]. Political Analysis, 2006, 14(3): 291-310.

[307] 赵文, 王娜. 二元网络背景下中国海归企业绩效提升路径研究——基于模糊集的定性比较分析[J]. 科学学与科学技术管理, 2017, 38(5): 128-139.

[308] SCHNEIDER C Q, WAGEMANN C. Set-theoretic methods for the social sciences: A guide to qualitative comparative analysis[M]. Cambridge: Cambridge University Press, 2012.

[309] 方慧, 何斌, 张倩. 领导对创造力及创新绩效的影响机制研究综述[J]. 华东经济管理, 2017, 31(12): 60-66.

［310］任迎伟，李思羽. 国企背景下家长式领导与员工反生产行为：基于互动公平的中介效应[J]. 四川大学学报(哲学社会科学版)，2016, (5): 144–152.

［311］王卫宁，汪秉宏，史晓平. 混沌中的随机性分析及其在证券中的应用[J]. 运筹与管理，2005, 14(3): 121–124.

［312］李哲敏，许世卫，崔利国，等. 基于动态混沌神经网络的预测研究——以马铃薯时间序列价格为例[J]. 系统工程理论与实践，2015, 35(8): 2083–2091.

［313］ROTSHTEIN A, GIAT Y. Fuzzy logic and chaos theory in time series forecasting[J]. International Journal of Intelligent Systems, 2016, 31(11): 1056–1071.

［314］吕金虎，陆君安，陈士华. 混沌时间序列分析及其应用[M]. 武汉：武汉大学出版社，2005.

［315］FAGGINI M. Chaotic time series analysis in economics: Balance and perspectives[J]. Chaos, 2014, 24(4): 1–30.

［316］杨星，梁敬丽. 国际碳排放权市场分形与混沌行为特征分析与检验——以欧盟碳排放交易体系为例[J]. 系统工程理论与实践，2017, 37(6): 1420–1431.

附　录

高端装备制造企业组织创新演化情况调研问卷

尊敬的女士/先生：

您好！非常感谢您在百忙之中抽出时间填写这份问卷。本次问卷调查旨在调研高端装备制造企业激进式组织创新状态及其创新效能、激进式组织创新的影响要素变化情况。本次调研问卷采取匿名的形式，请您根据企业组织创新的实际情况作答，答案没有对错之分。在本次调研中，您本人和所在企业的信息绝不对外公开，所有问卷信息仅用于学术研究，请您放心作答。感谢您的配合与支持！

第一部分：企业的基本情况部分

1. 目前企业所属的行业是：

（1）智能制造装备业　　　　　（2）航空装备制造业

（3）轨道交通装备制造业　　　（4）海洋工程装备制造业

（5）卫星及应用装备制造业

2. 本企业规模（总人数）（OS）是：

（1）1000人以下　　　（2）1000~3000人　　　（3）3001~5000人

（4）5001~10000人　　（5）10000人以上

第二部分：企业创新环境问卷部分

1. 企业高层管理者的年龄范围（TMA）：

（1）30~39岁　　　　（2）40~45岁　　　　（3）46~50岁

（4）51～55岁　　　　　（5）56～60岁　　　　　（6）60岁以上

2. 企业高层管理者的职位任期（TMT）：

（1）1～3年　　　　　（2）4～5年　　　　　（3）6～8年

（4）9～10年　　　　　（5）10年以上

请根据企业近三年实际情况选择	非常不同意（1）	不同意（2）	一般（3）	比较同意（4）	非常同意（5）
PR1 政府加强对企业的指导和政策协调					
PR2 政府加强财税支持，改善融资环境					
PR3 政府支持企业科技创新，完善社会服务					
AN1 装备联盟中上级企业加强了对企业的指导和协调					
AN2 装备联盟中上级企业对企业装备提出了新要求					
AN3 装备联盟中下级企业改变了与企业的供应关系					
IC1 企业鼓励员工在工作岗位上积极主动工作					
IC2 企业愿意为创新承担风险					
IC3 企业重视尝试新思路与想法					
IC4 企业重视对员工成就的承认与奖励					
TI1 企业引进了先进的生产设备与技术					
TI2 企业提高了研发支出占销售额的比例					
TI3 企业引进了新的产品工艺或作业流程					
TI4 企业开发出了被市场接受的新产品或服务					
TI5 企业改进了现有产品或服务以提高顾客满意度					
TMIW1 管理者对创新情况有敏锐的洞察力					
TMIW2 管理者有冒险精神，敢于承担风险					

续表

请根据企业近三年实际情况选择	非常不同意（1）	不同意（2）	一般（3）	比较同意（4）	非常同意（5）
TMIW3 管理者决策果断，勇于创新					
TMSC1 在企业遇到麻烦时，管理者的政府部门朋友能够出面帮助解决					
TMSC2 通过政府部门朋友，管理者结识了对企业发展很重要的关系					
TMSC3 管理者从政府部门朋友处提前得到了行业政策规则变动等信息					
TMSC4 管理者在装备联盟上级企业的朋友帮助企业提高了装备产品的竞争优势					
TMSC5 管理者在装备联盟下级企业的朋友帮助企业保障了原料供应的高质量和高可靠性					
TMSC6 管理者从装备联盟朋友处得到了很有用的市场竞争情报					

第三部分：企业激进式组织创新情况问卷部分

请根据企业近三年实际情况选择	非常不同意（1）	不同意（2）	一般（3）	比较同意（4）	非常同意（5）
ROI1 企业开拓了新的核心业务或产品					
ROI2 企业关注在市场中寻找新的发展机会					
ROI3 企业倾向于将内部资源和能力配置在新核心业务或产品开拓上					
ROI4 企业减少了高层管理者和工人之间的管理层级					
ROI5 企业精减或新增了部门					
ROI6 企业扩大了各部门人员的自主权和决策范围					

续表

请根据企业近三年实际情况选择	非常不同意（1）	不同意（2）	一般（3）	比较同意（4）	非常同意（5）
ROI7 企业设计了新业务流程					
ROI8 企业引入了新的成员沟通方式					
ROI9 企业引进或升级了信息系统及相关设施设备					
ROI10 企业制定了新的有关人力资源管理的制度					
ROI11 企业制定了新的有关企业文化的制度					
ROI12 企业制定了新的有关技术管理或质量管理的制度					

第四部分：企业激进式组织创新效能问卷部分

请根据企业近三年实际情况选择	非常不同意（1）	不同意（2）	一般（3）	比较同意（4）	非常同意（5）
EB1 企业销售额和财务绩效提高了					
EB2 企业产出装备产品的质量提升了					
EB3 企业装备产品的研制周期缩短了					
EB4 企业中同员工相关的产出（如劳动生产力、技能）提升了					
CS-DP1 客户对企业装备产品的满意度提升了					
CS-DP2 企业主导装备产品的市场占有率提升了					
CS-DP3 企业新装备产品的研发能力提升了					
CS-DP4 企业新装备产品的市场拓展能力提升了					

再次感谢您的配合与支持！